—格致文库—
留给未来中国的好笔墨

白丁启示录

介子平 著

图书在版编目(CIP)数据

白丁启示录 / 介子平著. —太原：北岳文艺出版社，2020.1
ISBN 978-7-5378-5782-6

Ⅰ.①白… Ⅱ.①介… Ⅲ.①随笔-作品集-中国-当代 Ⅳ.①I267.1

中国版本图书馆CIP数据核字(2018)第286194号

书　名：白丁启示录	著　　者：介子平	书籍设计：张永文
	责任编辑：王朝军	印装监制：巩　璠

出版发行	山西出版传媒集团·北岳文艺出版社
地　　址	山西省太原市并州南路57号
邮　　编	030012
电　　话	0351-5628696(发行部)
	0351-5628688(总编室)
传　　真	0351-5628680
网　　址	http://www.bywy.com
E-mail	bywycbs@163.com
经 销 商	新华书店
印刷装订	山西人民印刷有限责任公司
开　　本	850mm×1168mm　1/32
字　　数	162千字
印　　张	8.125
版　　次	2020年1月第1版
印　　次	2020年1月山西第1次印刷
书　　号	ISBN 978-7-5378-5782-6
定　　价	38.00元

本书版权为本社独家所有，未经同意不得转载、摘编或复制

偶有文章娱小我（代序）

"偶有文章娱小我，独无兴趣见大人。"不知谁人联句，记住了，因有同感。好写文章，不为立言，只为娱我，稳步前行而无功利性质。有话则长，无话则短，长短不过千字上下，率真恬静、简洁隽永也罢，犀利尖锐、字挟风霜也罢。

写作成文的愿望，主要源于读书所得，三日不读书，思想即凝滞。其次是生活感悟，临流无限意，画史若为工。还有就是日常习惯了，日本幻冬舍出版社老板见城彻说："当编辑不能喝酒不行，好奇心不强不行，没有把自己的感动分给别人的热情不行。"甚是认可，我就是一名编辑。

大怒时睡觉，独处时思考，清醒时写作，糊涂时读书。困而求知，不存他因，求知在于认识自我。"观天下书未遍，不得妄下雌黄"，写作试图将答案告予别人，然怎样的言辞，才能使灵魂之间产生沟通。

记录正在发生的历史，打捞渐被尘封的记忆，乃修齐治平之文，未免沉重了些。娱我之文，无须励志，不论黑白，更非使命，多为生命现象之感悟，也由此建立起了对个人生命的基本尊重。写作当间，忽然明白，作文与做人似，皆非易事。作文助做人，做人也助作文。白蕉论画："花易叶难，笔易墨难，形易韵难，势易时难。"作文则气格难，神韵难，境界更难。

写作只对自己重要，令自己心潮澎湃的高明感悟，对别人而言，波澜不惊，平淡无奇。若我不记录此现象，世界便会失却此精彩，后偶读古书，原来早有文献在此，孤陋寡闻而已。昔去雪如花，今来发似雪，今日少年明日老。今日会结束，明日会结束，永不结束的是昨日。然昨日也会消失在遗忘里，及时记录，挽留遗忘，记忆与忘却之间，忘却是绝对的。

作文改变不了你的生活状态，稍变者即你的内心，其实，内心变了，生活状态也随之变。对内心的影响，是绞思后的释然，卡尔维诺《美国讲稿》云："文学是一种生存功能，是寻求轻松，是对生活重负的一种反作用力。"内心变，挂冠之，弃城之，也就"独无兴趣见大人"了。

小娱完毕，宽宏内心，回过神来，继续生活。

是为序。

介子平

目录

孤 独

003　不随俗便孤独
006　独处疗心
009　一个人的风景
012　寡言者的世界
015　孤独是文化的状态
018　孤独是艺术的追求
021　寂寞是一份岁月的清供
024　落花人独立
027　麟出非时
030　短暂喧嚣与长久寂静
033　千山我独行，不必相送

怀　旧

039　怀旧病
042　和你打问一个人
044　回忆里
047　记忆若不老
050　景在人不再
053　最好的解脱是失忆

超　然

059　见面不说世事
061　经不起平凡
064　心白如纸
066　消极是一道寓意的风景
070　莲台邀月记
072　空空如也
075　怎能安睡
077　高卧松下似醉
080　客来无酒何作酒

青　春

085　浪漫到了底
088　青春燃起的高烧

091 没有挂碍的快活
094 溶化心灵的快乐
097 美女才女平常女
100 优雅优于优秀
104 美与色且不同
107 少年约会
110 正当好年华

芹 意

115 情之所钟
118 山盟在
121 树木寡言不寡情
124 少一人
127 锦上添花花乱锦
130 注意身边的每一处风景
135 那种让人惆怅的美
138 跑调的琴师与固定的乐谱
141 珊珊可爱影
143 神情变
146 歧路取舍
149 气质是气氛中的气场
152 山边

怀 古

157　空匣子
159　那些文化的纪年
162　闻歌而悲
165　喧嚣游
168　知其终不知其所踪

自 己

173　谁是我　我是谁
176　与自己相遇
179　腾空双手
182　为自己找个理由
185　穷孩子的诗意
188　你会成为你讨厌的样子
191　有些疲劳
194　专注眼前
196　走红尘
199　业余与生计
202　兴趣但消失
205　一次性消失的生活
208　幸福折磨人

状　态

213　悠悠慢
217　同时
220　诗意栖居
223　隐藏
226　愿望久病成瘾
228　欲望不出人性
231　愿望何尝如愿以偿
234　放弃比拥有更踏实
236　刚柔之间
238　守恒
241　等待等的不是结果
243　不好不坏的大多数

246　后记

孤独

不随俗便孤独

心里的那束光,不仅照路,微凉时还可取暖。没有直线的距离,只有大致的方向。心路历程,避得开的是嶙峋乱石、滟滪险滩,避不开的是流行情绪、幼稚倾向。

不随俗,便孤独。葛康素于江津探访老师陈独秀,见面后不禁惊讶:"先生老矣。着布衣,须发斑白,唯精神矍铄,尚未失少年豪杰之气。"一瓶一钵垂垂老,千山万水得得来。荒陬不没气质,没牙老虎,威风犹在;风流消散,蕴藉依存,清癯背后是沧桑,也风骨。先生曾为成大业不拘小节,纵论天下,忘形身外,如今却落得有客无酒,有酒无肴,月白风清,如此良夜何!曾经的慷慨豪爽、落拓不羁,转眼间澄静缄默,英雄迟暮。眼前的慈眉善目、仙风道骨,却由心雄万夫、瞥乜周遭状态化作。

波诡时,烂若丹霞,皎如素雪;背运时,时乖命蹇,流年不利。孤独者的结局大致如此。石鲁也狂人,自然是命途多舛，其画犷率硬朗，拔新领异，有"黑重怪野"之态，一如其人，优游不迫，沉着痛快。其自评诗云："人骂我野我更野，搜尽平凡创奇迹。人责我怪我何怪，不屑为奴偏自裁。人谓我乱不为乱，无法之法法更严。人笑我黑不太黑，黑到惊心动魂魄。野怪乱黑何足论，你有嘴舌我有心。生活为我出新意，我为生活传精神。"

随俗与孤独间，有度无界限，有人辞官归故里，就有人星夜赶科场。当年沈复、芸娘的萧爽楼何其风雅，却也有"四忌"：谈官宦升迁、公廨时事、八股时文、看牌掷色，有犯必罚酒五斤。陈独秀为师，纲常名教、师道尊严全然不在眼底，依然我行我素，特立独行，常常流连于瓦舍勾栏、烟花巷陌之间，何顾及名节。自有西湖，即有画舫，虽如此，法理难容，陈竟因此为北大开除，少顷，又因散发传单，上海获狱。特立独行，我行我素，世俗奈我何？三岛由纪夫尝言："我是诗人，摘去画皮就是俗人，再摘去画皮就是诗人，再摘去画皮就是俗人，再摘去画皮就是诗人。我是怎么也剥不见核心的洋葱。"一层随俗，一层孤独，心路历程，反反复复，来来回回。

随俗未必只在柴米油盐酱醋茶，就在试图脱俗的当间，琴棋书画诗酒花的背后，俗之累累。"聚不三不四之人，说不痛不痒之话，作不浅不深之揖，啖不冷不热之饼。""有些所谓的研讨会，其实就是请一些不三不四的人，吃一些不干不净的饭，花一些不明不白的钱，说一些不痛不痒的话，开一个不伦不类的会。"每遇此等场合,何必多费唇舌,嘻嘻哈哈,一笑了之,不耐烦时,想想倪文焕、钱锺书的这些话,也算解气。

川泽纳污,山薮藏疾,瑾瑜匿瑕,世事皆然,隐于仕而不隐于世,知世故而不世故,方为成熟。人生一饱原难事,况有茵陈酒满卮,随俗与孤独间,变幻百端,一笑了之,不可测度,至诚待之。所谓善解人意,不是内心委屈,大度而已。永不妥协,拒绝安排,皆因心里的那束光。经年尘土,落满征衣,走过八千里云和月,功名哪有不为尘与土者也。

独处疗心

独处品味，无味中有意味。林则徐有联云："春气遂为诗人所觉；夜坐能使画理自深。" 独处疗心，休整人之疲惫。张大复《此坐》云："一鸠呼雨，修篁静立。茗碗时供，野芳暗度。又有两鸟咿嘤林外，均节天成。童子倚炉触屏，忽鼾忽止。念既虚闲，室复幽旷。无事坐此，长如小年。"

创作之事，还是少交流为好，更忌拉帮结派，酒食征逐。写作即守护孤独，水流云在，月到风来。茅檐外，忽闻犬吠鸡鸣，恍似云中世界；竹窗下，唯有蝉吟鹊噪，方知静里乾坤。纳博科夫说："作家最好的派系就是孤独。"吴冠中反对拉帮结派："美应该是个人的，艺术怎么能'派'呢？它是很微妙的一种个人感情表达。"齐白石论画："夫画道者，本寂寞之道。其人要心境清逸，不慕名利，方可从事于画。"席慕蓉则诗意地说："在这人世间，有些路是非要单独一个人去面对，单独一个人去跋涉的，路再长再远，夜再黑再暗，也得独自默默地走下去。"独处还意味着放弃交往，周国平说："人们往往把交往看作一种能力，却忽略了独处也是一种能力，并且在一定意义上是比交往更为重要的一种能力。反过来说，不擅交际固然是一种遗憾，不耐孤独也未尝不是一种很严重的缺陷。"

创作如此，读书亦然。张岱《天下最乐事》云："陶石梁曰，世间极闲适事，如临泛游览，饮酒弈棋，皆须觅伴寻对，唯读书一事，止须一人，可以尽日，可以穷年。"

读书如此，行游亦然。早年走万里路，多借助公差之便。一人登泰山，刻石处反复琢磨，古松侧立身听涛，茶棚中闲话老妪，汗流浃背时裸裎上身，走走停停，与浮云同卷舒，去与留，何曾有过牵挂，趣在阿堵中，竟日忘劳顿。千古幽思可借抒发，一时寂寞不觉袭来。严复《天演论》自序云："赫胥黎独处一室之中，在英伦之南，背山而面野。槛外诸境，历历如在几下。乃悬想二千年前，当罗马大将恺彻未到时，此间有何景物。"泰山的悬想，维度更在二千年以远。后结伴再次登临，你有兴趣，众人无感触，除了拍照，还是拍照，游兴为之索然。归有光也喜独游，其《归程小记》云："予每北上，常翛然独往来。一与人同，未免屈意以徇之，殊非其性。杜子美诗：'眼前无俗物，多病也身轻。'子美真可语也。昨自瓜洲渡江，四顾无人，独览江山之胜，殊为快适。过浒墅，风雨萧飒如高秋，西山屏列，远近掩映，凭栏眺望，亦是奇游，山不必陟乃佳也。"

李碧华《诱僧》中有段话："火那么壮大，水却熄灭它。水那么壮大，土却掩埋它。土那么壮大，风却吹散它。风那么壮大，山却阻挡它。山那么壮大，人却铲除它。人那么壮大，权位、生死、爱恨、名利却动摇他。权位、生死、爱恨、名利那么壮大，时间却消磨它。时间最壮大吗？不，是'心'。当心空无一物，它便无边无涯。"夜静春山，空谷传响，长烟一空，皓月千里。泰戈尔的叙述是："我的心是旷野的鸟，在你的眼睛里找到了它的天空。"

任台湾大学校长的傅斯年曾讲过一句名言："一天只有二十一个小时，剩下三个小时是用来沉思的。"后来台大建了"傅钟"，每日鸣二十一次。沉思是一种反刍，消化着喧嚣与烦躁，独处中守护宁静，还原自我，让灵魂歇脚。独钓寒江，岂止为了那条鱼，独立寒秋，不知因了哪颗橘子。

一个人的风景

张爱玲说:"不管你的条件有多差,总会有个人在爱你;不管你的条件有多好,也总有个人不爱你。"大概针对的是她与胡兰成间的情债。

这句话也可针对人。毛泽东评价鲁迅有松柏气节:"鲁迅的骨头是最硬的,他没有丝毫的奴颜和媚骨,这是殖民地半殖民地人民最可宝贵的性格。鲁迅是在文化战线上,代表全民族的大多数,向着敌人冲锋陷阵的最正确、最勇敢、最坚决、最忠实、最热忱的空前的民族英雄。鲁迅的方向,就是中华民族新文化的方向。"董桥则不然:"从来不喜欢鲁迅那张革命的脸;玩事越久,自然就越不喜欢他那些革命杂文。"

这句话还可移植于风景。比如到海边,时时感到自己的渺小,就是脚底的一粒沙,单调很快变成无聊,让人觉得是在浪费时间。比如在游乐场,也不感兴趣,众人皆醉我独醒,纳闷别人的狂欢。但我爱去庙宇,有人不以为然,说是千篇一律,大小不同而已。其实我对其中供的什么佛也未曾深究,只在领略此番古老,一块扑碑,一堵断墙,一棵枯树,一院衰草,一位老僧,一片残阳,便是李白的凤凰台、刘禹锡的乌衣巷、杜牧的乌江亭、李商隐的马嵬坡,足以慰藉情怀。

漫漶污壁,曾是繁华处所,残缺窗棂,几度月圆相望。1968年,张充和在哈佛表演昆曲《思凡》,余英时赠诗云:"一曲《思凡》百感侵,京华旧梦已沉沉。不须更写还乡句,故国如今无此音。"做故国旧梦者,都是一帮可怜的人。"吴宫花草埋幽径,晋代衣冠成古丘",是谁的故国?"石麟埋没藏春草,铜雀荒凉对暮云",又是谁的故国?

席慕蓉《雾里》云:"心里有些话,想说出来。也许不一定是为了告诉你,也许有些话只是为了告诉自己。"所以,这些话往往无法说出,也不必说出。山本文绪《然后,我就一个人了》说:"一个人逛街,一个人吃饭,一个人旅行,一个人做很多事。一个人的日子固然寂寞,但更多时候是因寂寞而快乐。极致的幸福,存在于孤独的深海。在这样日复一日的生活里,我逐渐与自己达成和解。"龙应台解释一个人的风景:"两个人一起走时,一半的心在那人身上,只有一半的心在看风景。要真正地注视,必须一个人走路。一个人走路,才是你和风景之间的单独私会。"一个人的风景,一个人喜欢,一个人的怀古,另外的人还不老,但怀古的人,心已不再年轻。村上春树说:"每一个人都有属于自己的一片森林,迷失的人迷失了,相逢的人会再相逢。"错过了,风景便不再属于你,正如迷失的人,无论有情与无情,终究一场回忆而已。

寡言者的世界

一匹马要走多少路程，方可识途知返，一个人要受多少挫折，方可学会寡言；一条河流要绕多少弯，才会抵达湖海，一个男人要跌多少跤，才配称作大丈夫。

寡言者的世界，晨钟暮鼓式恬适，晓林落索般宁帖，若能杯水如名淡，应信村茶比酒香，纵使喝点小酒，心事还是说不出口。人之内衷皆有隐秘，一旦率尔敞亮于人，顿成浅薄作秀。张爱玲说："彼此都有意而不说出来是爱情的最高境界，因为这个时候两人都在尽情享受媚眼，尽情地享受目光相对时的火热心理，尽情享受手指相碰时的惊心动魄。一旦说出来，味道会淡许多，因为两个人同意以后，所有的行为都已被许可，已有心理准备的了。到最后慢慢变的麻木了。"冬天过去，春风无须等待，低吟浅唱，留出素色时光，产生遗忘，抹平所受创伤。

绿竹深无暑，清池小有天，寡言者好寻访既往，选择回忆，躲进自营小楼，坐卧随心，不动声色，一段真趣，幽贞如兰，虽有他乐，吾不易矣。当初一群人上路，如今一个人独处，不打算寄出的信，都是写给自己的日记。余华《在细雨中呼喊》云："当人们无法选择自己的未来时，就会珍惜自己选择过去的权利。回忆的动人之处就在于可以重新选择，可以将那些毫无关联的往事重新组合起来，从而获得了全新的过去。"生命的长度，其实要靠回忆延伸，你走过的一山一水，终需一朝一夕偿还。

草木葱茏，云兴霞蔚，人与人之间，没有谁离不开谁，只有谁不珍惜谁，一个转身，便是两个世界，遂各自消失，无影无踪。拆散一件毛衣，只需一个线头，轻轻一拉。你会错过一生中大多数的人与事，正因你的错过，别人才有机会遇到，而你所拥有，恰也是别人的错过。决定你成为一个怎样的人，不在能力，在选择。热情过人心的曾经，琐碎寻常，至今仍存余温，被伤害的过去，心有余悸，回忆里或回避，或省略。蘋末风起，偶有涟漪，回忆里的补偿，不是懊悔，是坦然；云生满谷，月照长空，回忆里的会境，不是纠结，是释然。心若计较，则处处怨言，计较不已；心知其意，却不由自主，遗憾不已。回忆不能把过去变得更光滑，只能把今天的自己变得更清晰，把有限时空里的广大日子，变得更澹如。无绪而支离，氤氲成恍惚，潜意识予以判断，意识得出结论，得所当得，舍所当舍，真正属于你的，或许永远不会错过。

急管繁弦谢场后,青灯窗下,沉默人仍在工作;蜩螗沸羹宁歇时,心灵深处,寡言者自语自言。使人宁静的手,有一种看似没有力量的特别力量。

孤独是文化的状态

钟声悠扬，夜半到客船，为船中羁旅客接听，顿生惆怅；雁字南飞，以为旧相识，三杯两盏淡酒下肚，捕捉伤心。声似花粉，只对敏感者反应，雁字高过，只勾有心思者的苦闷。孤独是种状态，与人无法分享。人散后，一钩淡月天如水，大概是中年后才有的状态；爱上层楼，为赋新词强说愁，万事皆足，只欠烦恼，乃少年做作。

徐志摩是个好红火之人，顾影不单，却也无奈地说出了孤寂之语："习惯，失眠，习惯寂静的夜，躺在床上望着天花板，想你淡蓝的衣衫。习惯，睡伴，习惯一个人在一个房间，抱着绒绒熊，独眠。习惯，吃咸，习惯伤口的那把盐，在我心里一点点蔓延。习惯，观天，习惯一个人坐在爱情的井里，念着关于你的诗篇。你走吧，我总要习惯一个人。"寂寞是感觉，孤独是状态，徐志摩大概属前者。苏东坡也是位身不单者，且始终被过分关注，不同的是，他能在孤独中不断提炼自我，深刻自我，较之《江城子》的"千里孤坟，无处话凄凉"，《西江月》的"中秋谁与共孤光，把盏凄然北望"，富贵功名，门内沧桑事，荣枯得丧，隐痛不忍言，世事一场大梦，人生几度新凉？

金农题《梅花》诗云："东邻满座管弦闹，西舍终朝车马喧。只有老夫贪午睡，梅花开后不开门。"平生常抱岁寒心，寂寞感觉也。黄山谷《自赞》云："似僧有发，似俗无尘。做梦中梦，见身外身。"周作人《五十自寿诗》云："前世出家今在家，不将袍子换袈裟。街头终日听谈鬼，窗下通年学画蛇。老去无端玩骨董，闲来随分种胡麻。旁人若问其中意，且到寒斋吃苦茶。"半是儒家半释家，孤独状态也。寂寞也好，孤独也罢，皆平和安详，风趣俳谐，算是具有大智慧。

木心说："来美国十一年半，我眼睁睁看了许多人跌下去——就是不肯牺牲世俗的虚荣心，和生活的实利心。既虚荣入骨，又实利成癖，算盘打得太精：高雅、低俗两不误，艺术、人生双丰收。生活没有这么便宜的。"在距离虚荣、实利越来越远时，孤独便成为一种修养状态，避世即避利，避人乃避俗。寂寞是生活的感觉，孤独是文化的状态。

"芝兰生于深林，不以无人而不芳"，安静角落，兀自绽放；"君子修道立德，不为穷困而改节"，独立精神，自由思想。孤芳中的自守，反骨般倔强，却总有些凄然，虽说他就站在熙攘的喧嚣里。熊十力暮年不顺，累累若丧家之犬，其哀叹道："人生七十，孑然一老，小楼面壁，忽逢十祀。"你说他抱残守缺，但他没有人云亦云；你说他泥古守旧，但他没有趋炎附势。花繁柳密处，总有一双冷眼，于沸腾欢呼间，躲进人群窥视；风狂雨急时，总有一张迟嘴，在合唱列队里，并未附和发声。孤独在一个人的内心里，必定越走越远，这样的孤独，较之伶仃于寒江的独钓者、孑然于窗前的枯坐人，更主见，更持衡，也必定更孤独。

月榭凭栏，坐看氤氲，不知联想者何？抒怀者何？联想抒怀的境域里，何来离索？何来孤独？处明若晦，淡泊之守，处动若静，镇定之操，岂止是孤独者的状态。

孤独是艺术的追求

　　泗水之于孔子，漆园之于庄子，苍茫索寞，伶俜岑寂，所思所想皆哲学的深邃精辟，大含细入；敬亭山之于李白，临皋亭之于苏轼，斜阳孤影，只身寥落，所吟所咏皆诗家的微忱厚意，雅趣韵致。徘徊失措，满目生寒，赵孟頫的《谢幼舆丘壑图》中，东晋名士谢幼舆（谢鲲，字幼舆）抚席枯坐，意态安详，背景处山峦绵亘，浩渺无际，溪水萦回，碎石散聚，最是那前景处的古松，枝虬叶茂，若有寓意，而其《鹊华秋色图》，河水盘曲，长汀层叠，杂树参差，屋宇错落，线条往复叠加，墨色浓淡互破。长林秋草，良久伫立，倪云林的《渔庄秋霁图》，几丘土坡，数株高树，湖水空旷无波，远山起伏映带，似不经意而骨力内含；《六君子图》则松柏樟楠槐榆等，行列修挺疏密，掩映位置得宜，皆在平地，而气象萧索，有贤人在下位之象。独立市桥，多时看星，孤独在文人的境界里，当是一种"叩寂寞求音"的追求，当是一种无穷山色里无边往事的凝神。

城中十万户，此地两三家。孤独源于精神的自足，孤独不等于寂寞，它是对社会的表面离别。孤独是对烦躁与喧嚣的兔脱和逃遁，孤独是否可以如体味宁静般被反复咀嚼，如欣赏艺术般被一时享受？可以的！但能识得大音希声、至乐无声境地者毕竟太少，能破解至人无己、神人无功层次者从来不多，故曰：孤独是一种追求，却是一种人不堪其忧的追求，"真像自己在那里守灵"。孤独无非随顺世俗、丧失自我之孤独与蝉蜕化蝶、创造人生之孤独两种，文人行吟泽畔、形容枯槁的孤独当属后者。千山我独行，不必相送，风雨逸其情，四顾苍茫。庄子曰："出入六合，游乎九州，独往独来，是谓独有。独有之人，是谓至贵。"黄仲则曰："悄立市桥人不识，一星如月看多时。"

常识的状态如此稳定，流俗的方向无法稍变，幽人独往来，缥缈孤鸿影，特立独行、超然物外者只能躲匿一隅，成为"长吟掩柴门，聊为陇亩民"的陶渊明，成为"独坐幽篁里，弹琴复长啸"的王摩诘。与此类淳古淡泊的诗句对立，渐江笔下的黄山，已雪覆般简约成渴笔淡墨的勾勒，皴擦晕染皆显多余，而八大画中白眼向上的鸟们，拣尽寒枝不肯栖，以斜睨之杵、倔强之态，免去了凄苦的声音，却也直白地表明了扞格不入、抵牾龃龉的性情。喧嚣聒噪处的茕茕孑立，蜩螗沸羹里的形单影只，这般孤独并非孤独者的玩味，也非艺术本来的状态，而是孤独者面对孤独时的无奈，并以艺术的方式悄然逃避。但这种说法未免简单了些，弱化了些，倦游欢意少，俯仰悲今古，唯有孤独时，才能观天地之大化，趋近存在的核心，思索自身存在的本质，并成为精神的贵族，故曰孤独乃人存在的本质。既是本质，便有了求真求本的追寻，诗人画家以作品的方式表述之，抒发之，常人凡人则在欣赏这些作品之时，共鸣之，同感之。

　　孤独时，风景才是风景，风景才可能成为诗，成为画；孤独时，艺术才是艺术，艺术才可能成为闲，成为情。"明月出天山，苍茫云海间"是风景，"断云发山色，轻风漾水光"也是风景；"逸笔草草"是艺术，"搜尽奇峰打草稿"也是艺术。孤独佐证艺术时，艺术当然高蹈；艺术诠释孤独时，孤独难免悲情。孤独是场考验，艺术是种持恒。独自寻芳，各自双双，孤独存在的最好方式是艺术，艺术存在的最好方式则是孤独。只有无言独上西楼时，月才能成为如钩的风景，无奈花前失却游侣时，笙歌已然成为断肠的哀音。

寂寞是一份岁月的清供

微风弄琴,每一阵风,都是胸中的气息,因果缘岫岩;细雨开卷,每一滴雨,皆为漂泊的游子,故乡在云端。记忆里曾经的感动,未形而型;癔症间无端的泪水,未晴而情;是我年轻的心思。说了做不到,因为我还年轻;做了而未言,此时你已成熟。

某个火烧云的黄昏,晚霞泛天,夜幕将拢,你的不舍,因短暂,还是寂寞?一饮涤昏寐,情思朗爽满天地;再饮清我神,忽如飞雨洒轻尘;三饮便得道,何须苦心破烦恼。此乃啖茶,而非饮酒,饮酒至醉,独上西楼,滔滔表白内心者,或伪醉,或泛情。无论你身在何处,小酒馆的寂静或喧嚣,都是应对孤独的好方式。一醉面红再醉青,今日醉完明日醉,醉后谁人梅边空吹笛,谁是一生只能一见之人,从今分两地,各自保平安。

秋夜虽长,转眼天凉,躲进书斋,翻到了梁实秋的《寂寞》:"我在小小的书斋里,焚起一炉香,袅袅的一缕烟线笔直地上升,一直戳到顶棚,好像屋里的空气是绝对的静止,我的呼吸都没有搅动出一点儿波澜似的。"好学深思,先生话浅意幽;心知其示,你我路长行缓。不系之舟,偶向水村江郭;负重远行,当戒急于求成。"从你的一个庭院,观看古老的星星;从阴影里的长凳,观看这些布散的小小亮点。"此乃博尔赫斯的寂寞,与东方文人竹影入帘、蕉阴荫槛式的寥落,不同在审美,相通于本质。

无知者有为,欲做大事;世俗人冲动,不甘寂寞。张岱《陶庵梦忆》说清明,没有"长跪问故夫"的描述,却有"越俗扫墓,男女袨服靓妆,画船箫鼓,如杭州人游湖,厚人薄鬼,率以为常"的记录,可他"想余生平,繁华靡丽,过眼皆空,五十年来,总成一梦"。繁华到极点,寂寞便也到了极致,如旅行中疲惫的回程,歌无人唱,花无人戴。所有灿烂,到头来夜色覆盖;所有精彩,终将以寂寞谢幕。

"入夜始维舟,黄芦古渡头。眠鸥知让客,飞过蓼花洲",无聊有聊,无事真好;"人少庭宇旷,夜凉风露清。槐花满院气,松子落阶声",有声无声,有情很累。唐寅晚年尝题《钓翁图》:"直插鱼竿斜系艇,夜深月上当竿顶。老渔烂醉唤不醒,满船霜印蓑衣冷。"此即有聊无声之场景,无事有情之寂寞,盖以老渔自拟自喻也。

平淡的一生,表面孤独,内在丰富;风光的背后,不是寂寞,便是沧桑。"男人因孤独而优秀,女人因优秀而孤独。"谁说的，直白而明了。我行我素终难改，一事无成也不悔，时间久了，竟不习惯身边的喧哗，孤独深处，灵魂可否找到一个打坐的蒲团？时间是距离，也是宽恕；空间是容量，也是淡忘。无人愿意倾听你的孤独，无人打扰的寂寞方为寂寞。顺逆局外，寂寞是一份内心的自由；是非时过，寂寞是一份岁月的清供。

落花人独立

　　花开花落，原本自然，万物莫不合其理。半世浮萍随逝水，一宵冷雨葬名花，可怜的是花下独立人，砌下落梅如雪乱，拂了一身还满，看花瓣，瓣瓣坠，任心事，事事远。这数点梅花，谁的心。

　　"落花人独立"，出自晏几道的《临江仙》："梦后楼台高锁，酒醒帘幕低垂。去年春恨却来时，落花人独立，微雨燕双飞。记得小蘋初见，两重心字罗衣。琵琶弦上说相思，当时明月在，曾照彩云归。"晏几道好友沈廉叔、陈君龙家蓄莲、鸿、蘋、云四歌女，晏的新词尝由四女于席间演唱。作者与词中小蘋，曾有过一段未曾考证的恋情，待花开堪折直须折时节，恰沈殁陈病，小蘋也落花流水般风飘云散，竟不知所踪。天际游丝弱女子，别后才知君远近，憔悴乎？宁帖乎？晏小山好不挂念。无奈人之命运，大多由场外人决定。北岛说"重逢总比告别少，只少一次"，可惜不等告别，就已失落了行止。重逢适比告别多，只多一回。

"一朝春尽红颜老，花落人亡两不知"，黛玉葬花，葬的哪里是花。徜徉其间，悠悠之慢，一旦回望，转眼之间，好一声"只是朱颜改"，道尽无限苍凉。

"当时记得曾携手，人醉花扶，花醉人扶，羞褪红香粉欲酥。而今只是成相忆，灯背人孤，人背灯孤，千种思量一梦无。"周炼霞的《采桑子》，接卓文君的《怨郎诗》，正好凑合成一出情节剧的前后两幕，"一别之后，两地相思，说的是三四月，却谁知是五六年。七弦琴无心弹，八行书无可传，九连环从中折断，十里长亭望眼欲穿。百般怨，千般念，万般无奈把郎怨"。

云想衣裳花想容，焉有容颜不凋敝，朱颜一改，气质越发重要，而气质是人一生最好的名牌。张小娴说："一个女人，最重要还是活得好。只要活得好，从前所有的委屈、所有的伤害、所受过的白眼，一切恩情爱恨，后来的一天，都付笑谈中。曾经的伤痛、曾经掉过的眼泪，不过是生命中无可避免的历练。"金雄白1964年于香港出版的随笔集《乱世文章》中点评张爱玲："张爱玲文笔清丽，治小说家言，缠绵有坷。体瘦削不盈一握，柔不经风。貌仅中姿，雅喜修饰，奇装异服，见者侧目。自称为李合肥之甥，遂诩有贵族血液，与人落落不群。报界同业，时或以此揶揄之，仍厓岸自高，实则标梅已过，而居处无郎，间传有密友，终难谐于好合。寂寂金闺，浸成孤僻，才女身世，无怪其然。"一句

"貌仅中姿"之外,文字描述皆在气质,以及气质后面的内质。

落花之后,独立之人,静伏于自己的囚城,冷眼浮生世界,不言不语,不急不躁,不炫耀拥有过的曾经,不述说阅历过的感慨,没有珠宝,何曾自卑,躲避繁华,何尝寂寞。悄悄月出树,东南若微霜,一切都那么安静淑娴,年德并高。然风行水上,自然成纹,气质也,气息耳。

岂止女人,男人亦然。玉树临风、仙风道骨只是外表,闲居山林、无欲无求不过状态,内在者何?"钟鼓馔玉不足贵,但愿长醉不复醒"或属一类,然此一类也一累。今晚醉饮,二十年汾,此境最念李太白。

麟出非时

五风十雨,求仁得仁,人生哪能总称意。二十四个节气,雨水雨不来,大雪雪无影;二十四番花信风,惊蛰桃不开,清明柳不绿。往往是麟出非时,终困于人,剑出雄铓,不用无神。

读书人,为书所累;掌权者,为权所困。每穿新衣,昂首挺胸,自成明星,似乎周遭都在注目你,此非肤浅快乐,乃天真自信。自信多了,也误导自己。稍略不顺,如身负重,一张生不逢时苦相;但凡坎坷,如担枷锁,一副怀才不遇模样。"抱璞而泣血兮,安得良工而剖之。"无名长夜,谁为灯炬,以为举桌皆醉独醒我;时运不济,命途多舛,似乎整个世界辜负你。无人倾诉,孤愤为诗,一阵天问,转而九歌,欲射一马,误中一獐,反成骚客之祖。

一生有可惜事:幼无名师,长无良友,壮无善事,老无令名。苦难是人生最好的大学,可惜淘汰率太高。一代人死了，又一代人老了，窅然若虚，空留感慨，遂将无奈现状，称作命运，但这根本不是你要的人生。人生苦短，知也无涯，不是读书无用，是你读书无用。皮日休便认为读书"譬乎药，善服有济，不善服反为害"。智识卑微，事穷势蹙，不能经世致用，汗牛充栋何用？

冯谖弹铗，毛遂自荐，人唯患无志，有志不怕不成者。三毛说："一个人至少拥有一个梦想，有一个理由去坚强。心若没有栖息的地方，到哪里都是在流浪。"人生如钟摆，逡巡于坚持与放弃间，不公平源于不努力，不努力怎会有际遇。自古成功在尝试，坚持自己的判断而无悔怨，无论哪条路，坚持一个方向，离梦想总会越来越近。不虚心，不知事；不实心，不成事。

天生丽质、才色双全者，以才色上位，如妲己、西施、虞姬、吕雉、卓文君、卫子夫、王昭君、赵飞燕、貂蝉、蔡琰、谢道韫、长孙皇后、武则天、上官婉儿、杨玉环、薛涛、花蕊夫人、李清照、马皇后、陈圆圆、孝庄文皇后、慈禧太后等等。若无以破昏蒙，除痼疾，一念之改，吉神或随之。仅弃医从文，且以文采名世者，有鲁迅、郭沫若、冰心、柯南·道尔、济慈、契诃夫、渡边淳一、横沟正史、伊藤润二、毛姆、阿加莎·克里斯蒂、凯西·莱克斯等等。

天劳我形，逸心补之；天厄我遇，亨道通之。梁漱溟说："喜欢一种科学，就弄那种科学；喜欢一种艺术，就弄那种艺术；喜欢回家种地，就去种地；喜欢经营一桩事业，就去经营。总而言之，找个地方把自家的力气用在里头，让他发挥尽致。这样就是人生的美满，这样就有了人生的价值，这样就有了人生的乐趣。"但有此般心境，便不会再感光景拘束，神情局促，不会再怨蛟龙失水，虎落平阳。

秋气堪悲未必然，轻寒正是可人天。学会与自己相处，只要内心强大，一个人便可成为一支浩浩荡荡的队伍。陈眉公《读书镜》云："故君子宁为独立鹤，毋为两端鼠；宁昂昂若千里之驹，毋泛泛若水中之凫。"自由的精神，其实就是对己之行为的自信判断。

麟出非时，未见祥云，口吐玉书；人生非运，未见金匙，待字闺中。玉在山而草木润，渊生珠而崖不枯，脱颖之才，锥处囊中，埋于适土，遇霖萌芽。

短暂喧嚣与长久寂静

寒舍阳台的对面是间小学校,阴台的对面是所中学校。平时校园里熙攘喧哗,蜩螗鼎沸,纵使上课时间,操场上也是哨声不息;灯火阑珊,仍时有顽皮学生探头窗外,呼唤着同学的名字。即便雨中,仍有学生弃伞狂奔。寒流里,路上行人迹绝,但学生们三五成群,仍有打篮球踢足球者。观之者无不为其充沛活力所感染。然每逢寒暑假,校门反锁,教学楼前雪无人踩,操场边野草拱土,人去楼空,麻雀落在甬道上觅食嬉戏,而阳台上的我也顿觉空落,不知所措。

朝山拜庙的游人蜂拥而至,骈肩累迹,导游们你方说罢我登场,介绍的只不过是牌匾上的某字为何少写了一撇,若想寻个留影的角落,实属不易。只要门外的汽车发动,导游喇叭里鸣金收兵式的曲调一响,游人们便会退潮般离去。此时,老僧将殿堂上的燃香移至庙前的大炉里,操起扫帚开始将众人丢下的果皮纸屑清除,庙宇顿时恢复了往常的静谧恬然、闲适悠然，风铃碎语重又远播，松枝倩影重又斑驳。

校园之寂为一时之寥，庙宇之嚣为一时之噪。一生中居校园做学生的时间终究有限，一年里聒庑殿嘈经幢的时候毕竟不多。婚礼场上一对新人众星捧月，筵席散尽，此后漫漫岁月里生老病死、喜怒哀乐将伴一生；开业之时，又是接匾又是纳采，待祝贺的人潮散去，兴衰成败未可知，商誉可立但需历久而为，质量可信但要持恒追求。领风骚者三五年而已，秉权政者一两届足矣，较之门可罗雀，粉墨登场之时的荧光灯不过瞬间闪烁；较之掌声雷鸣，十年寒窗破冰研墨何曾为人知晓。然而就是这三五年、一两届当间，也是攻讦非议，钩心斗角，谄谀献媚，党同伐异，无聊猥琐之至，俗不可耐之极。

一件古物，埋藏愈久，愈显价值；一坛佳酿，窖存愈久，愈见醇美。其实，于斯于彼，对物对人何尝不如此。达摩面壁，身影印石，始悟禅机玄理；渐江山居，研习书画，终成一代宗师。唐时卢延让有"吟安一个字，捻断数茎须"的名句；白石老人画蟹壳，从一笔至两笔至三笔的演进用了二十年工夫，惟妙惟肖、出神入化的"无肠公子"方定型纸端。吟诗作画如此，歌舞戏剧、体育棋弈、手艺医术、厨技女红亦然。藏存的过程，太古岑寂，悄然无息；索居的期限，孤单零落，苦思冥想。有几人能耐得住寂寞，伫立秋风而无异乡羁客之感，雪夜围炉适得乐天知命之足；又有几人不为靡丽诱惑，持身涉世而不随境迁移，繁华面前而知割舍捐弃。

现代人整日忙碌奔波,即便在外游玩,也是手机铃扰,心不在焉。可能在偶遇停电时才不得已回归内心,可能因车窗外邂逅的风景联想到童年一趣,又由此趣忆起儿时吵吵闹闹的伙伴……仅仅这般偶发的、短暂的回眸内视,也是有所得的,但同古人的三思九省、反躬自问相比还是有别的。大彻大悟、醍醐灌顶若能瞬息完成,哲人睿者、贤俊先觉岂可须臾成就。不知时下蔓延的浮躁轻率、媚俗虚荣风习与自省时间的长短有多大关系。身处热闹、应酬不绝者往往倍感孤独,觥筹交错、灯红酒绿时常常体味出苍凉,医治此类病症的良方只有一剂:孤独时聆听孤独深处的绝响,于苍凉处领略苍凉的空旷。

千山我独行,不必相送

虽千万人吾往矣,此一别,易水萧萧西风冷,马上琵琶关塞黑,壮士一去,未见有返。

"死生家国休回首,泪与湘江一样流",此为独往;"不为帝王唱赞歌,只为苍生说人话",此也独往。成大事者,不谋于众,风致淡远,迥异时俗。侠义精神,刀剑之外,多在文笔,无论哪类,不脱失败结局,此无关际遇,无涉时运。纵如此,江湖中人,从未见过谁个堕泪,出门一笑大江横,途径自选,何必后悔。其光芒,照远不照近,故传颂往往后世,而窘迫每每当下。

"落日照大旗,马鸣风萧萧",肃杀固然,有众人壮胆;"孤舟蓑笠翁,独钓寒江雪",寂寥之状,反衬托内心。选择了独行,便不必栏杆拍遍,忧愁这般,耐得住一声征雁,醒时空对。"闻砧声捣,蛩声细,漏声长",此为寂寞,非孤独。孤独者,"百年里,浑教是醉,三万六千场"。人群中的孤独，一望极目，田地榛荒，乃繁华中的憔悴世界，秋心如海复如潮，但有秋魂不可招。

笼鸡有食汤刀近，野鹤无粮天地宽，天下无不贫之独行人。富贵不能淫，贫贱不能移，威武不能屈，况蜗角虚名、蝇头微利？况富贵三多、金玉满堂？多少壮怀激烈，付诸流水，此番风雨，满地黄花堆积，此何足惜；几回晚晴风歇，狼藉残红，一抹残阳，多少青丝成华发，又何足惜。

做事难不过二，一则开始，一则坚持。势来不可止，势去不可遏，半途而废者，多是觉得选定的终点，不值当再去坚持，故每处隘口，都有一帮退却者。然若驻足止步，未竟之志，会潜伏于内，发酵成气压，鼓鼓于胸，化作平生心事，惶惶不可终日。人生苦短，门掩黄昏，耳畔频闻故人去，眼前但见少年多，每个不曾起舞的日子，都似对生命的辜负，坚持者何。

苏武北海牧羊一十九载，兀坐绝寒，时闻胡笳，手持秃节归来，众人方知守节之不易。玄奘舍身求法，西行取经，也一十九载，孤行者抵长安，道俗奔迎，倾都罢市。坚持的背衬是信念，独行者的工位在路上，缺乏坚持，起点即终点。多数时候，独行即自我重构，自我流放，自我相处，自我唠叨。爱菊的陶渊明，五斗米不折腰；爱莲的周敦颐，出淤泥而不染。穷不失义，达不离道，贫贱立品，富贵立身，独治其身以立于世间，不失其操也。独行者带着苏醒的人格上路，每一步都传递着一个决心，而人生最大阻力，在于稍一逡巡的放弃。

一花独放是报春，少见多怪，人情使然，胆怯到百花齐放时方敢绽蕾。成为格格不入的少数派，考验你的勇气；成为芸芸众生的大多数，测试你的宽容。居不幽，思不广；形不愁，思不远。时人不求深思，只求深思的姿态，深思若发乎内心，便是滋养，反之则虚耗。一旦停止深思，意味着已然老去。

千山我独行，不必相送；千里走单骑，独善其身。人间离别，迢迢不绝，孤单却豪迈；何须雕鞍，褡裢足矣，微尘却苍劲。古道横翠，长亭短亭，独立小桥风满袖；遥岑极目，渐行渐远，天涯芳草无归路。对酒当歌，方觉人生几何，千里烟波，恰是路上的千种风情。

怀旧

怀旧病

我是不是已经老了,思绪总在以往。"中年以后,天分便不可恃,苟无学力,日见其衰退而已。"物不如新,人不如故,然经过脑滤,还是故人好,故物也佳。没有比诗意地栖居于记忆里的风景更美好的了,郁达夫《海上》有句妙理之言总忘不了:"四周如画,明媚到了无以复加。"

我在这座城市居住的时间,已远过于少年时的那个县城,但每至节日,总躁动着想回县城,父母在哪,哪就是故乡。黄永玉在《老头还乡》中说过:"七十多岁的人回到老屋,总以为自己还小。"回去后则宅于家,不愿外出,山河风景元无异,城郭人民半已非,景也非,人也非。青瓦长忆旧时雨,朱伞深巷无故人,好在青瓦依旧,深巷依旧。然举目所见皆新貌,新建筑,新马路,不要说三十年前的景致消失了,即便是二十年前的一椽一梁也被旧城改造得不见了踪影。岂能尽如人意,你怀想的是旧时光,而阳光下的生活,早已转换了主人，也更新了追求，苟日新，日日新，又日新。如今的千城一面，似曾相识，燕子错归，瞬间使人不知置身谁边。魂要有所依，魄也要有所依，旧魂魄当依在旧地方。所以不多时日，便又想折返，乡关何处，我也混淆。人造物易拆，倒也罢了，大山大水也改造了。临对远山，远山已被采石者炸得像缝缀了百衲的补丁，野趣的河道则被镶筑了石岸，流水行月性淡，阅尽世间沧桑，都被中间拦的那道橡皮坝潴留了。世间伤感之事，不在于故地重游时，几许旧物让人勾想当年，而是兴致勃勃趋前时，原有的一切早已面目全非。于坚说得好："一个焕然一新的故乡，令我的写作就像一种谎言。"有人将莫奈、梵·高等人所绘街景与时下格局比照，竟能吻合。难怪泰西人怀旧，满目皆旧时光，不念想都不行。倒是咖啡屋脱漆木桌上的下午茶，越品越有味道。

　　青山不老却衰，故人可曾依旧？偶呼三十年前兰交，言谈无外三十年前的翻箱，或当下的杂乱人事、名利之场。应付几句后，竟意气不平，独为其难，不能见其长，不能受人虚，四顾狭窄而失言忘机，笛孔琴弦声消，逸气豪情顿散，半瓶酒怎么也抿不下去了，清风有意，不再留我，明月无心，任性照人。沈从文曾于1951年一封未发出的信中写过一段文字，叙述人与人之间的隔阂："每天虽和一些人同在一起，其实许多同事就不相熟。自以为熟习我的，必然是极不理解我的。一听到大家说笑声，我似乎和梦里一样。生活浮在这类不相干笑语中，越说越远。"故人是参照自我的一面镜子，虽说不能矫正己之惯性步伐，却能坐标前行的大致方向。在我交往的同学圈、同乡圈、同事圈、同好圈中，经久不衰者，唯同好圈。圈子中不论常伦，未知背景，年龄悬殊，地域千里，因有偕嗜，益友何妨去复来。去时，淡然目送，来时，四座皆春，于是只见相互欣赏，未曾勾连利用。言也谙典，趣也投机，人到寡求，便无心思，故能如释重负，往还甚欢。好友只能在同一阶层中产生，而穷人与富人、百姓与达官、草根与明星、领袖与学者，不可能成为真正意义上的交游。因不在同一阶层，便永远不会有对方对本阶层的深刻体会与感悟。圈子类似阶层，虽不是全部。俞伯牙乃晋国上大夫，善鼓琴；钟子期则是一樵夫，善听琴。伯牙所念，钟子期必得之，子期死，伯牙谓世再无知音，乃破琴绝弦，终身不复鼓。建安七子、竹林七贤亦同好圈子。

有人不厌其烦召集同学会、同乡会，大学聚完了，中学聚，小同乡聚完了，大同乡聚，热心的组织者或许脑子太闲，或许炫富炫贵，但根上得的还是怀旧病。不妨改一句歌词留作忠告：故人重逢，不如相忘于江湖。

白云在天，沧波无际，消磨着当下时光，却吟诵着旧事明月，怀旧真是一种病，一种孤独的慢性炎症。那些被怀旧的往事和细节，一只脚早已跨出了记忆的边缘。席慕蓉说："我们离回忆太近，离自由太远。有时候念念不忘，只是爱上回忆。"怀旧，不是因为那个时代有多好，而是那个时候你年轻。然而，纵使回到过去，也回不到当初，这便是光阴。

和你打问一个人

王维《杂诗》云:"君自故乡来,应知故乡事。来日绮窗前,寒梅著花未?"王昌龄《芙蓉楼送辛渐》云:"寒雨连江夜入吴,平明送客楚山孤。洛阳亲友如相问,一片冰心在玉壶。"

罗大佑《鹿港小镇》有古风:"假如你先生来自鹿港小镇,请问你是否看见我的爹娘。我家就住在妈祖庙的后面,卖着香火的那家小杂货店。假如你先生来自鹿港小镇,请问你是否看见我的爱人。想当年我离家时她已十八,有一颗善良的心和一卷长发。"

灞桥歧路,几回草枯,临对青山,偶念故人。野人相问姓,山鸟自呼名,到处打问人的时代,不光因为通讯不发达,更因为情义尚存尚浓。

那人你我都相识,且庭有余闲,儿孙满堂,于是再捎去一个口信。待口信翻山越岭、经年累月到达时,那人已水流风逝，不知所踪。于是一处一处问行迹，口信的口信，便如回音，越传越远，也越模糊。回音在江湖，有时成了传说，越传越神，也越离谱。

有弟皆分散，无家问死生，烽火三月，万里征戍，故人入梦，一书万金。故人具鸡黍，邀我至田家，好也罢，坏也罢，尺牍片纸，一夜话旧，总算有了音信。

吴从先《小窗自纪》云："生平愿无恙者四：一曰青山，二曰故人，三曰藏书，四曰名卉。"青山不老人易老，岁月无情人有情，有情者，故人也。和你打问一个人，你被一个人打问，又有多少打问不出的人，唯愿时光静好，现世安稳。我若被打问，我还是当初的我，虽呕心文字，寄兴篇端，却无大曲华章，恭言媚语，虽身无长物，奔波生计，却也气和神定，无事于心。兄弟，你是否知晓？

回忆里

　　回忆经过沉淀，过滤掉琐碎，留下的往往都是美好。城外的芳草地、村中的牲畜圈、无边的雁字阵、院后的石板街，这些曾经寻常不过的情景，在我们这一代人心里却都成了美好，因为这些情景正在消失或已经湮没。磨灭不尽的唯有记忆，散逸不去的岂止眷念。美好仅存于记忆，且不足以向外人道出，道出了便成了另一种表达，而阅读者的阅读更是另外以外的场景，各是其是，互非其非。安慰心灵的恰是这被截取的、被凝固的片段，沉默中天边的游离。

　　现实中的清新空气、绿色食品，在前人眼里无论如何不会成为挥之不去的向往。就像一顿饱餐、出行舟车在今人看来怎么也不会留下惬意无穷的回味一样。宣扬中的守诚重义、忠孝仁爱，对古人而言犹如春风化雨般不知不觉，无声无息，而对今人却要将为官不贪作廉洁楷范，将童叟无欺当信用榜样。正常本寻常，神奇原无奇。逝去的不光是时光，还裹挟着时光里的事物，连带着事物中的情感。现实中，已有的时光早都逝去，已有的世界并不全美好；精神里，逝去的时光虽已逝去，逝去的往事却还萦绕在身边，余音袅袅，杨柳依依。

回忆里的岁月是如此短暂，岁月在回忆中那么易逝；回忆里的格调是如此风雅，风雅在回忆中因何总要落入俗套里的归宿，折回窠臼里的故园。美好仅仅瞬间，却能永远，无非一瞥，就已铭刻。《诗经》里在河之洲、贻我彤管的女子，依然青春貌美，俏皮活泼；聊斋里花妖狐魅、幽冥幻域的故事，还是哀丝豪竹，荡气回肠；唐诗里万户捣衣、三月三日的长安，仍旧雄伟壮观，金碧辉煌；宋词里三秋桂子、十里荷花的江南，照例婉约轻柔，和风煦煦。回忆的情节断断续续，偏能自圆，斩头截尾，竟也成章。羲之书卷中的永和九年、岁在癸丑，早就成了众书家的口头禅；倪瓒画轴上的竹树茅亭、静水荒江，已然成了历代文人孤寂时的情绪所在；昆曲中的牡丹之亭、倩女离魂，卓尔成了梨园正腔；瓷器中的越上秘色、炉变钧窑，俨然成了无数藏家的梦幻界域。

回忆里的印象是如此显在，显在得历历在目，黑白分辨；体会却那么的潜在，潜在得花影绰约，楼台依稀。回忆里的过程是如此具象，具象得清澈见底，声如银铃，缘由却那么的抽象，抽象得烟涛微茫，碑迹漫漶。回忆录里的回忆是写给他人看的回忆，真正的回忆只言片语，一鳞半爪，反复映放，不断闪烁。阅历越丰富，回忆越单调，交际越广泛，回忆往往仅在童年的几个玩伴间。当一个人每天只靠回忆度日时，他已把奢侈掉的时光赎回，并即将奉还给时光。没有回忆，不是没有过去，而是没有来世。回忆是回到内心的一条途径，这一途径可能很长，长得无法计程，无以丈量，也许很短，短得一步之遥，咫尺之间。回忆是自己与自己的沟通，现在与过去的交往。回忆时世界宁静无比，宁静成一羽飘浮，蹑手蹑足；回忆时心灵纯清有加，纯清得一尘不染，有廉有明。

　　回忆慰抚着灵魂，追怀温存着神志。回忆里的美好一旦化作良知，追怀里的明媚猝然成善举，也就不再虚泛空疏、迂阔无着，逝去的时光便也溯源挽回、补偿弥合了。时光无限，美好急促，无限在天长地久中，急促在弹指俯仰间；时光绵延，生命一夕，绵延于亿万斯年里，一夕于日出日落时。因了回忆，美好得以凝固，凝固在碎瓷的半片花瓣里和演绎得不见原型的传说里；因了回忆，生命能够升华，升华于成为符号的文字里，升华于移作心思的悠悠渴慕里、汲汲希求里。

记忆若不老

回忆若常在,青春真走了,记忆若不老,你就真老了。其实,无论如何,反正是老了,青丝已换满头白,谁知此生几回眸。

离去者皆风景,留下者方为人生,含泪播种的,含笑收割。马尔克斯说:"生命中曾经有过的所有灿烂,终究都需要以寂寞来偿还。"

情无因果,缘定生死,人生的每一场相遇,皆缘分,没有对错,只有迟早。停留是刹那,转身即天涯,一旦放弃,便会提前谢幕。张爱玲说:"人生最大的幸福,是发现自己爱的人正好也爱着自己。"即便这样,"如此情深,却难以启齿。原来你若真爱一个人,内心酸涩,反而会说不出话来,甜言蜜语,多数说给不相干的人听",这不是亦舒设置的情形,而是现实中的常有。天上的星星,为何像人群一般拥挤?地上的人们,为何又像星星一样疏远?世间有成千上万种爱，没有一种可以重来，当初你若勇敢，结局不会如此，当时你若坚持，回忆不会这般，忘掉一个人竟要一辈子。

独自行走，不觉路远，抵达之后，顿觉疲劳，往往经过一生琢磨，才知原来从未抵达。曾为之兴奋，为之焦虑，为之耗费青春的烦恼，到头来却与自己无关。

日子过起来长，想起来短，一天连着一天，留下记忆者，就那么几个片段，且有记忆，既长又短。普鲁斯特说："生命只是一连串孤立的片刻，靠着回忆和幻想，许多意义浮现了，然后消失，消失之后又浮现。"回忆有时未必真实，却美好；记忆有时未必牢靠，却流丽。烟霞勾销，情景湮没，天不戏人人戏人，一场空欢喜也是欢喜。想多了头疼，想通了心疼。

一个人自此出现，一个人自此消失，接纳于温柔时光，不见于无缘无故。一沉一浮，总会有时。尤其是故地重游，无论走向何方，都会有联想相随。时光似乎并未远去，只是你已力不从心，惜春春去，新秋已觉凉生，找不回当年情绪。再悲痛的深刻，也会渐远，再热络的往还，也会冷却，或许化作一丝温婉的暖意，或许一丝也无存。

回忆如漩涡，逃离一个，陷入另一个。回忆的戏里，你跑着别人的龙套，念着自己的道白。本不希望他人在你身后记住什么，你却记住了他人身后的什么。不厌其烦回到回忆，不是你的目光短浅，只是回忆的人一直未离。"美酒加咖啡，我只要喝一杯，想起了过去，又喝了第二杯。"八十年代的这首老歌,哼到今天仍不明白,此美酒是红酒还是白酒,然无论红白,"一杯再一杯"。在速食年份、焦虑时代,这还真算一种奢侈。

天上明月光,地上佳人妆,记忆中人,永远不老,回忆之人,一脸沧桑。"花还未落,树怎敢死,你还未嫁,我怎敢老",死与不死,花也落了,嫁与不嫁,你已老了。先开早谢,晚谢迟开,书生落魄,浪子白头,人生的编程,全然规律桎梏。

景在人不再

　　景在，人已不再；人在，心已不再；心在，情已不再；情在，诗已不再。纵使都在，时光已不再。
　　林散之有题画诗："故国山河景未凋，萧萧草树念贤劳。寒潮不减当年色，仍是滩头一丈高。"木犹如此，人何以堪。异乡青草乱坟，埋着白头戍人，风雨大作时，闻听一声边关的何满子。彼年有此时，此时无彼年。陌生处偶遇熟悉背影，形娟秀而举止柔婉，疑似姗姗故人来，紧步趋前，装作拾叶，蓦然回首，宛如而已。定格的背影，依然若干年前青春时，久视而熟字不识，苦索无所寻，无事于觅乃得之，且了了清晰。与人共有的记忆碎片，只是共同度过那段时光的佐证，纵使路过你路过的路，也未看过你看过的景。生命中不断有人离开，时而有人进入，没有时光可以凝结，没有人是孤岛，原本熟悉的人，逐渐陌生，原本陌生的人，开始熟悉。"过去事，过去心，不可记得；现在事，现在心，随缘即可；未来事，未来心，何必劳心。"一言而解人惑，佛家语以广智宽心。

酒在，醉已不再；醉在，歌已不再；歌在，意已不再；意在，趣已不再。纵使都在，思绪已不再。

下班途中，见霞光自云盖下射出，此情此景，似曾相识。或许十年前，或许更早。落叶铺路，无人清扫，风吹枝摇，乱了柳发，落寞心情遇上落寞景，便有了邂逅的共鸣。风景是心情时，便处置成了独有的描述，这样的风景以前见过，可惜以后再未相逢。别人的风景，可是你的心情？你的心情，何尝不是别人的风景。过此门，去年今日此门中，人面桃花相映红；观此花，年年岁岁花相似，岁岁年年人不同。酒场上有独醉的人，也有独醒的主，醒与醉，皆在心情；风景里有神伤的人，也有微醺的主，神伤与微醺，也在心情。

不经意的掩饰，媚眼抛给瞽者看，粗枝之众谁在意，可就有细节之人注意了。一切都在空气中弥漫着，该嗅到而未嗅到者，曾经的燕约莺期，是否真的遗忘；不该嗅到却嗅到者，无端的绿惨红愁，看来的确不该。得失定数，求之不得，想多了头痛，想通了心痛。张爱玲说："时间，可以了解爱情，可以证明爱情，也可以推翻爱情。"一言许诺，可以律己，怎好绳人？原本就是酒后的壮语。阳关三叠，到底几叠，阳春白雪，究竟多白，余曲既已终，旧事何必再翻箱。

毅然的旅程开始徘徊去向时，颜面怅然，问花不语，花替人愁；渐老的身躯无力辅佐心志时，心房失神，世事无定，浮生一梦。简单化作深刻，喜怒哀乐不过风雨雷电；深刻变得简单，生老死病无非春夏秋冬。草色花香，赏其真趣，桃开梅谢，悟其无常，大自然的常态恰是平静，生老死病乃节点，喜怒哀乐皆一时。

　　流水堪听，过耳不恋，往事如逝水，景在人不再，自言自语，无腔无调，堪听否？

　　对酒当歌，人生几何，举杯邀明月，酒在醉不再，自斟自饮，无清无浊，还喝吗？

最好的解脱是失忆

一日之后,即成往事,岁数愈大,往事自多。若说任何经历皆财富,经历越曲折,记忆便越复杂,占据空间也越大。离回忆太近,离未来太远,真的是老了。

往事再精彩,也会模糊;故人再深情,也会淡忘。可有些人与事,偶尔想起,记忆犹新,仍如石在胸,不能自拔。假意快乐,真心难过,醒来,较往日更为不安。天下无心外之物,内心变,边缘也变,之所以烦恼,只因记性太好,却是该记的记不住,该忘的忘不了。

不是拥有太夥,而是计较太多,过度计较那些不重要的事情。邂逅之人,哪里见过,一时想不起;偶遇之景,似曾相识,与谁来到过。有些人是你看过便忘的风景,有些人则时时情景再现。最美的不是天空飘着雨,而是曾与你停在屋檐下躲雨,"眼睛为她下着雨,心却为她撑着伞",好一段红尘中的胶着情缘。耳朵痒了,谁在说你,眼睛跳了,谁想见你,其实谁也未说、未想,自忖也,臆度也。得之我幸,失之我命,缘深缘浅,由他去吧。等闲变却故人心,却道故人心易变,纵如此,光景拘我,没时间计较,来不及纠结,不如随分尊前醉,莫负东篱菊蕊黄。

"年龄可以是一堵墙,但墙可以有门和窗",眼界决定世界,年龄不是问题。所有随风而逝者,皆属昨日;唯有历经风雨存留者,面向未来。时间永恒,无关过去或未来,年龄以时间为刻度,过去或未来只表明年龄的新与旧,无力未来者,多沉浸过去。从生到死,呼吸之间;从新到旧,刹那之间;从爱到恨,无常之间;从你到我,善解之间;从懵到悟,一念之间;从古到今,谈笑之间。

垂暮之年,打开缅怀之门,记忆未必真实,却存美好。米兰·昆德拉尝言:"在夕阳的余晖下,所有的一切,包括绞刑架,都被怀旧的淡香所照亮。"箱底珍存,他人视之如敝帚;华美曲段,他人视之如噪音。不断遗忘,活得才容易,找不到持恒下去的理由,便找一个重新开始的借口。宁使人讶其不来,勿令人厌其不去,先天记忆太好而无法遗忘,后天往往妒以失忆,似一笔迟早要还回的贷款,选择什么即须承受什么,得到什么终会失去什么。

热闹处烦恼必多,失忆后虚白静和,纵使失忆,有些仍会隐入潜意识。莱布雷希特的《名字之歌》讲述了一个故事:一位上了年纪的音乐家,患有严重的老年痴呆症,分不清谁人是自己的老婆,哪个是自己的帽子,要想顺利穿衣,唯一办法是哼唱舒曼的一首曲子,其清楚记得曲子的旋律,能在乐曲中系鞋带,找帽子,完成复杂任务。饱经风霜的心灵中,隐约力量尚存,那些对自己影响至深的人与事,没有附体于常态记忆,而是收藏在了生命深处。

高翥《清明日对酒》云:"南北山头多墓田,清明祭扫各纷然。纸灰飞作白蝴蝶,泪血染成红杜鹃。日落狐狸眠冢上,夜归儿女笑灯前。人生有酒须当醉,一滴何曾到九泉。"《小窗幽记》有言:"请君细看眼前人,年年一分埋青草。草里多多少少坟,一年一半无人扫。" 白首为功名,旧山松竹老,多少记忆抛却在坟岗之上,无人打理;笑渐不闻声渐悄,多情却被无情恼,多少目光湮没在人群之间,谁会经心。

南来北往走西东,看得浮生总是空,死对死者而言,彻底解脱,全盘失忆,但对生者未必。鲁迅有"忘记我,管自己的生活。倘不,那就是真糊涂"的遗言,拨得开,立得定,分明是闭目前对生者的冷峻一瞥,不近人情却用晦而明,令人无以忘怀的精辟。铅华洗尽,素心总在喧嚣之后;尘氛散去,真话多出绝语之篇。失色后的大地净如雪封,失忆后的内心静过初始,大约如此。

超然

见面不说世事

时间变,人也变。子曰三十而立,四十不惑,五十知天命,六十而耳顺,七十从心所欲不逾矩,莫说十年,就是与两年前的想法,已大不同。

如今愈发好静,静得不愿设色。"万头攒动、火树银花之处不必找我",木心的心情,亦我心情。独处不寂寞,裹挟于气场不合者中间,反觉孤独。张爱玲说:"在没有人与人交接的场合,我充满了生命的欢悦。"寂然案前枯坐,不阅读,不动笔,只鳞半爪的思绪,一晃而散,未留波痕。有些事只适回顾,却经不住反复回顾,到头来唯余一杯泡淡的茶梗。

"几个茶杯,一卷帘笼,便是十分心情",丰子恺的心情,亦我心情。慵对客,缓开门,交往的圈子不断缩小,无缘之人,与之说得再多也废话,有缘之人,你的存在即能唤醒他的感觉。多年不见,可是旧时模样?纵使故交偶至,见面只论风月,不说世事。古人"客来不用几席,共坐千年树根",我则于卖酒人家,尽说山中之事。国是何足道,山川之美,古来共谈;时政何足道,一袭花开,与君同醉。无事始觉夏叶婆娑,悠闲方闻秋虫唧唧,相逢休提世外事,风声无言只颤枝,万不可因俗情琐务,坏了这十分心情。

乘清风以入市,戴明月而还山。哪里是"还",简直就是"逃"。余华《在细雨中呼喊》说:"我突然发现了逃跑的意义,它使惩罚变得遥远,同时又延伸了快乐。"所谓的"山",乃江湖也。江湖千里,任尔驰骋,心之阔也;世间一事,了无牵挂,心之宁也。

你曾在意,在意了又能怎样,越与周遭不谐,越是念旧。千年与一年,终同一日活,唯有春风最相惜,一年一度一归来。凉台静室,明窗曲几,僧寮道院,松风竹月,晏坐行吟,清谈把卷。三千年读史,不外功名利禄;九万里悟道,终归诗酒田园。

命由己造,相由心生,一人一命,无以类比。亦舒说:"一个人与一本书一样,均有结局,写这个结尾,是那个人本身,不是际遇。"一路上,有前行者,便有歇脚者。暮色婉约,亭外板桥,光阴老了,人岂能不老。越近结尾,不由得回首频频,满坡的风姿,已成衰草,一路的烟树,黄叶白露,谁也回不去了。水流任意,由他去吧,花笺上未留一墨。

"晚年唯好静,万事不关心",王维的心情,亦我心情。"阅世既深,感悟也深,越老越想修心养静",董桥的心思,亦我心思。

经不起平凡

文似看山不喜平,文章高手却不这么认为,比如周作人,所有的文字似乎都很平。俞平伯论诗之"不可说":"池塘生春草,究竟好在哪里?简直不知好在哪里!自然不是说它不好在哪里。"此句没有翠羽欲流、碧云为飑式的奇崛,没有陌上繁华、春风柳絮般的浓重,有的是平淡自适之美,片时清畅之幽。

生活亦如此,一些人耐不住平凡,总想着轰轰烈烈、波澜壮阔,总想着意气相许、共坐春风,哪怕是一次旅行、一场聚会,早有期待,兴奋有加。

尤其在两情方面。鹣鲽情深,缠绵缱绻,哪可能长久如此,又岂在朝朝暮暮。悔与恨羼杂,怎咽不下悔药;爱与恨交织,如掀翻了醋瓶。张爱玲《一别一辈子》云:"说好永远的,不知怎么就散了。最后自己想来想去,竟然也搞不清楚当初是什么原因把彼此分开的。然后,你忽然醒悟,感情原来是这么脆弱的。经得起风雨，却经不起平凡。"天若有情天亦老，天何曾老过，日日如新；月如无恨月长圆，月何曾缺过，角度不同。不能灭了你，反使你变得更坚强，却不能使你变得更持恒，故曰平凡不易。平凡能够抹平不平凡。离开就离开了，生活没有变得不同，何止是消失，仿佛从未出现。

平凡是简约成两点一线的上班下班，是一成不变的室内陈设，是几十年一个味道的家常便饭。龙应台说"幸福"："幸福就是，寻常的日子依旧。幸福就是，早上挥手说'再见'的人，晚上又平平常常地回来了，书包丢在同一个角落，臭球鞋塞在同一张椅下。"名主持柴静说"幸福"："即使开了一辆老掉牙的破车，只要在前行就好，偶尔吹点小风，这就是幸福。"只要快乐活着，总能遇到美好之事；采得一枝莲，总能遇到可送之人。

时间在时间的深底永恒，万物生死幻灭其间，可以忽略不计，永恒不就是常态的平凡？"夫天地者，万物之逆旅也；光阴者，百代之过客也。"红颜熬不过经年的等待，镜中白发日徒增；英雄无奈何南北的转战，掌上宝剑月光寒。时间未曾疾首蹙额，慌乱碎步是换场的匆忙，一阵掌声传出，为谢幕者还是亮相人？濮园翁曰："人心至灵至动，不可过劳，亦不可过逸，唯读书可以养之。"人心宜淡，宠辱不惊，世外之情，去留无意，只有自己遗弃自己，求助不如自助。

1925年，弘一法师因战争而滞留宁波七塔寺。老友夏丏尊前来拜访，见法师饭时只一道咸菜，便问："难道这咸菜不会太咸吗？"对曰："咸有咸的味道。"饭后，大师倒了一杯白开水，又问："没有茶叶吗？怎么喝平淡的开水？"笑曰："淡有淡的味道。"其实，"淡有淡的味道"，淡中的宁帖恬然，浓中怎可悟。亦舒说："世上芸芸众生，有几个人是叫人一见倾心，又有几个人，会得出人头地。其实做普通人最开心。没有侈望，顺其自然，尽其本步而游于自得之场。"此即淡的滋味，亦平凡滋味。

惜金不如养生，养生不如养闲真。松间明月，槛外青山，俯仰进趋，随意所在，养闲真便是养心情。"人生中不争就是慈悲，不辩就是智慧，不闻就是清净，不看就是自在，不贪就是布施，断恶就是行善，改过就是忏悔，谦卑就是礼佛，守礼就是持戒，原谅就是解脱，知足就是放下，利人就是利己。"佛说的其实也是平凡。

心白如纸

纵使十指相扣,依旧水漏无存,至此,同在天涯,却止于唇齿,掩于岁月,云外好山遥看,一尺花笺无寄。看不见的,不理喻的,都也存在着。

一朝分袂,两岸青山,浮云别后,流水十年。最是人间留不住,朱颜辞镜花辞树,若有邂逅,回头皆幻景,对面是何人,相视而过,莫逆于心。人生真真残酷,谁也带你回不到从前。人生若只如初见,何事秋风悲画扇,秋日的轻罗小扇,画得再好,也属多余。仅此一点,令人动容。

若学多情寻往事,人间何处不伤神。洛夫《等你轻声唤我》里有"我走了,走了一半又停住,等你,等你轻声唤我"的句子。亦舒《圆舞》似可接句,其曰:"一个人,要不往上走,要不停步不走,但不能往回走。"有些人不属于你,遇见也无妨,你也知道不会属于你,得之则幸,失之则命,只是失去了才知,当初本就不该珍惜,得不到的付出,适可而止。灵魂附体，负重远行，不要轻诺等待，那可是憔悴心灵、桎梏形骸的全部艰辛，苦楚时流出的泪，本是脑中灌入的水。你若不能成为别人生命中的礼物，何须步入别人的生活，何须感慨错失的遗憾。然残缺之美，恰在漫漶题壁不全辨认时；悲伤结局，总会留下一丝欢乐的线索。

不同的方向，有不同的未来；不同的未来，有不同的季节；不同的季节，有不同的果实。有的人，可以磕磕绊绊生活一辈子；有的人，只能风轻云淡怀念一辈子。"满目山河空念远，落花风雨更伤春。不如怜取眼前人"，眼前人，不就是最后一次收割对方的那位？一见钟情，钟情的其实只是一张脸，怎比得上日久生情绵长？

谁在特殊的日子，给了你别人给不了的感觉，曾经说好了生死与共，到头来成了存在通讯录上的某个号码，永远不会也不愿拨打。学会微笑，学会独立，学会狠心，学会弃情，你便成熟了。修行路上，缘聚缘散，"碧野朱桥当日事，人不见，水空流"。走着走着，美景掠过，众生见过，一个际遇下，顿然重新认识了自己。一次旅行，或许就是一生的转折点，事情无法改变，就改变自己。然走出韶华，走不出记忆；走出记忆，走不出无常；走出无常，走不出时间。

每一个不曾幻想的幻想，都不是对想象的抑制；每一个不曾思考的闲日，都不算对生命的辜负。绝尘之足，优哉游哉，自得其乐也；小坐微醺，心白如纸，无事之惬耳。

消极是一道寓意的风景

但凡是人,或多或少都有一些消极情绪,隐匿于人性之背面,且越老越严重。灿烂阳光下,一切从头来,说走就走,何来顾忌,那是因为有青春的资本。回首故国,新柳纤桃之景,又过了一季,你已不再年轻。

积极与消极,对待事物之冷热程度也。谢肇淛《五杂俎》云:"风之微也,一纸之隔,则不能过;及其怒也,拔木折屋,掀海摇山,天地为之震动,日月为之蔽亏。所谓'天下之至柔,驰骋天下之至刚'者耶?"消极如微风,积极若怒风。格非《隐身衣》说:"任何东西都有它的底子,但你最好不要去碰它。只要你捅破了这层脆弱的窗户纸,里面的内容,一多半根本经不起推敲。"如此说来,当然是微风和煦。

君子忧道亦忧贫。积极者,强势进取,多好信口道来,臧否月旦,然人皆孤岛,别人不靠你活着,哪会轻易接受责怪,故曰责人者必先自恕。消极者,以守代攻,以柔克刚。温源宁论及周作人时说:"周先生还有另外一面,我们切莫忘记。他大有铁似的毅力。他那紧闭的嘴唇,加上浓密的胡子,便是坚决之貌。他洁身自好,任何纠葛,他都不愿插足,然而,一旦插足,那个拦阻他的人就倒霉了!他打击敌手,又快又稳,再加上又准又狠,打一下子就蛮够了。"积极者,信心满满,聪明伶俐,然时间总能澄清事实,信心也罢,聪明也罢,原来都是自我感觉。人类一思考,上帝就发笑。风趣俳谐、妙语连珠者,众人无不以为其积极向上,热爱生活,林语堂却不这么认为:"一个幽默家通常是个失败主义者,喜欢诉说自己的挫折与窘迫,中国人则常常是清醒冷静的失败主义者。幽默常常对罪恶采取宽容的态度,不是去谴责罪恶,而是看着罪恶发笑,人们总认为中国人具备宽容罪恶的度量。"提倡幽默,看来是件不幽默的事。

　　写过"慷慨歌燕市,从容作楚囚。引刀成一快,不负少年头"的激进少年汪精卫,同时也吟出了感伤的《蝶恋花》:"雨横风狂朝复暮,入夜清光,耿耿还如故。抱得月明无可语,念他憔悴风和雨。天际游丝无定处,几度飞来,几度仍飞去。底事情深愁亦妒,愁丝永绊情丝住。"向来辣手著文章的唐德刚,也吟出了怅然的《西江月》:"孺子沿街赤足,青山为雪白头,金风如剪月如钩,记取秦淮别后。临去且行且止,回头难拾难收。错从苦海觅温柔,曾把鲛绡湿透。"更有不苟言笑的王国维,也写了《少年游》这样的轻词:"垂杨门外,疏灯影里,上马帽檐斜。紫陌霜浓,青松月冷,炬火散林鸦。酒醒起看,西窗上,翠竹影交加。跌宕歌词,纵横书卷,不与遣年华。"刚毅风骨与婉约缱绻,哪个积极,哪个消极,杂糅一体,分段呈现矣。

芳草有情,夕阳无语,海棠开后,燕子来时。夕阳算是消极的风景。韩偓诗云:"花前洒泪临寒食,醉里回头问夕阳。不管相思人老尽,朝朝容易下西墙。"周炼霞诗云:"山河仍在事全非,惆怅东风燕子飞。回首已无王谢第,海棠花外又斜晖。"皆颓然之觉。收拾残阳,时光流淌,水过无痕,不为谁稍缓,空留文人一声太息,西风残照,汉家宫阙,瓦砾废墟一片。说过"但得夕阳无限好,何须惆怅近黄昏"的朱自清,也无奈说过:"去的尽管去了,来的尽管来着,去来的中间,又怎样地匆匆。"事在人为,随遇而安,人生如梦谁非寄,到处能安即是家,不也豁达生存之道?顺其自然,水到渠成,冬至馄饨夏至面,该吃什么吃什么,便是超脱生活状态。

老子曰:"众人大言我小语,众人多烦我少记,众人悖怖我不怒。不以人事累意,淡然无为,神气自满。"看似消极,实则不然,悬之又悬,妙不可言。若内心不够强大,难免辩解,而能言善道,强词夺理,久而久之,竟成习惯;若内心足够强大,子呼我牛也而谓之牛,呼我马也而谓之马,毁誉与我分毫无干。

总有那么一段时光,充满消极,除却坦然面对,别无选择。不安的梵·高还是说出了"我想在更加明朗的天空下观看大自然"的话,可谓消极里的坚韧。"只有流过血的手指,才能弹出世间的绝唱",切莫鄙视消极,那可是残阳如血的一道寓意风景。

莲台邀月记

甲午农历六月十五,周末,下午友人约茶。

驱车上兰村千佛洞,几经弯曲,登山至莲花台之观音阁。侧有石桌石凳。解行囊,取器皿,内有气炉、盖锅,皆袖珍,茶道杯盏,一应俱全。

未几,水沸,沏陈年普洱,有沉香。几泡后,下煮,色愈褐。之后换祁红,有浮香。有余暇,半日之闲,无琐务,三五同饮,顿觉暑消溽去,平添生机。壶水尽,暮色垂,朦胧月现;微风动,柏枝曳,风铃声起。林间月晕,槛外青山,寄生顺时,但适其可,禅林道院在侧,翻经问偈不必,风月本无主,无事即神仙。鸟歇虫鸣,大地须臾苍茫,凭栏回首,仰山俯川,忙不迭拍起照来。月在杯中,摄得月,却摄不得茶;杯在手里,摄得茶,却摄不得人。月庙木人,无以全幅,一味茶禅,画幅之外。我则以举杯邀明月状,分区测光,拍得剪影。莲花之歌无碍,明月之心不染,遂以"莲台邀月"命名此次雅集。李白酒邀，我等茶邀，降否？醉否？

远处人间烟火依稀，而圆月又遁隐云层，偶得佳句，随意所在，出尘大美，无意之间。心苟无事，暂得烟霞之娱；念苟无欲，便可外适内舒。神清气爽者，山水乎？明月乎？省事澹志者，茶盏乎？心情乎？

一瓢一枝，转眼成过往；一月一云，痕迹何曾留。下至农家院落吃包皮面，此儿时口味也。食毕，踱步窦大夫祠，澄心闭目，默坐片刻，却是如此奢侈。岸有林隔，只闻泠泠而汾水不见；山形岿然，轮廓黢黢而风骨依旧。

同行共坐者，画家侯琪、报人张瑾、教师常华、拍卖师郭慧红。郭乃驴友，茶具皆其囊中之物。是为记。

空空如也

出门未免流年叹,又见湖边木叶飞,隔世之秋,旧梦远矣,人生光景,不过如此。万物皆有伤心处,况人乎!

常记得邮差通讯年代,月台一别,恐再无消息,于是忍不住断线泪下,多少人便这样迷失于铁道的尽头。生命本就是一场纷扬花事,说落就落,说散就散。光阴流逝,时空注定,你我皆枝头暂停的花瓣,风吟中行将飘坠。每朵花的最后,不凋零,即枯萎;每滴水的结局,不蒸发,即融合。

团聚与离别,一枚钱币的正反而已,团聚不是常态,离别才是。米兰·昆德拉感慨:"遇见是两个人的事,离开却是一个人的决定,遇见是一个开始,离开却是为了遇见下一个离开。这是一个流行离开的世界,但是我们都不擅长告别。"虽道了再见,再未见,时光慢递,偶能忆起,便算好的纪念了。相见亦无事,不来常忆君,想说,述以无言。渐行渐远,失之交臂,还是不见为好。

离去的故人无音信，本真的自我亦未现。世相迷离，红尘混迹，一场模糊的雾，缭绕不散，给你的脸打了马赛克。天边彼岸树，秋时全变花，垫脚无望，心即彼岸。走过往返的旅程，住过不同的市镇，无端何故烦恼？朝霞不见，幸好尚有晚霞可待。

孤独是块石头的背影，石头则是山边的挂件。默不作声、全神贯注属孤独的典型症状。梭罗在《瓦尔登湖》里自述："当你有伴时，纵然是挺好的伴儿，没过多久也会厌倦，使人烦躁不安。我喜欢孤独。我没遇见比寂寞更适合我的同伴了。"影子相随一生，时光不会掉头，孤旅途中，会遇到更好的自己。喜欢孤独时，至少心态已老。起初什么都知道，什么都怀疑，一蓑烟雨任平生，后来什么便都宿命了，体力越衰弱，灵魂便越虚幻。

月台离别的那些人，是否也同我一样，于静处自匿，于闹市闭门，交往的人越来越稀，掺和的事越来越少。"我不再装模作样地拥有很多朋友，而是回到了孤单之中，以真正的我开始了独自的生活。有时我也会因为寂寞而难以忍受空虚的折磨，但我宁愿以这样的方式来维护自己的自尊，也不愿以耻辱为代价去换取那种表面的朋友。"余华《在细雨中呼喊》中的这段话，引发过我的共鸣。

卢梭所言"一天当中，只有在这些孤独和沉思的时刻，我才是完全意义上的我，才属于我自己，没有牵挂，没有羁绊，真正成了符合大自然心愿的人"的意境，到了东方文人笔下，便简约成了"雪夜哦诗，纸上如洒冰霰；雨中作画，笔端便染烟云。读罢吟余，竹外茶烟轻扬；花深酒后，铛中声响初浮"式的性灵。凡画有八格：石老而润，水净而明，山要崔巍，泉宜洒落，云烟出没，野径迂回，松偃龙蛇，竹藏风雨也。宋人韩拙所定圭臬，皆基于天人合一、物我两忘的格调。

闲暇时，取古人快意文章，朗朗读之，则心神超逸，须眉开张。其实更多时候，枯坐一隅，百无聊赖，什么也不想，空空如也。

怎能安睡

人人爱睡，知其味者甚鲜；睡则双眼一合，百事俱忘，肢体皆适，尘劳尽消，即黄粱南柯，特余事已耳。苏东坡《醉睡者》云："有道难行不如醉，有口难开不如睡。"东坡因"乌台诗案"被劾入狱，反对派欲将其置于死地，不料嗜睡爱睡反救了他一命。朱敦儒《鹧鸪天》句"如今但欲关门睡，一任梅花作雪飞"有苏意，却委婉了些。

阑珊，香销轻梦还。睡乎？醒乎？独抱浓愁无好梦。一觉醒来，忧郁更加，煎熬更甚。常人哪有如此豁达。

一阕残笛不成曲，能断愁肠；半抹落日黄昏后，怕唤新月。此情无计可消除，才下眉头，却上心头。夜半惊起，辗转反侧，雾窗寒对遥天暮，暮天遥对寒窗雾。五更残梦，似梦非梦，玉漏迢迢，无泪也潸潸，只是阴霾黯然。缺月挂桐，漏断人静，乍闻风定钟声，次闻谯鼓，瘦灯又一宵，不愿披衣起。不是春慵,是春忱,落尽梨花月又西。秋雨,秋雨,一半因风吹去;还睡,还睡,解道醒来无味。

虽豁达,总有胡雁哀鸣,夜夜飞来时。山中归路,天涯倦客,黄楼夜景,为余浩叹,千里孤坟,无处话凄凉。幽怀只能自解,岂容他述。越是繁华,越是零落;越是喧嚣,越是孤独。

阴晴圆缺,看似天气,实则心事;春夏秋冬,无关大地,也是心事。

浮云掠过旁观者,浮云不会停,微雨过,小荷翻;掠过当事人,会郁郁驻停,直至怏怏成翳,不思量,自难忘。

少年时,小屏山色远,妆薄铅华浅。独自立瑶阶,透寒金缕鞋。中年时,何处是长安,湿云吹雨寒。泪向客中多,归时又奈何。沉思往事,伫立良久,晓星将淡却不淡,荻花欲散还不散。然往事毕竟是往事,当下之痛,乃寂寞中的隐痛,病时捂胃捧心口,病起萧萧两鬓华,乌啼一声,好不凄凉。此老年之夜愁。

东风几多事,酒盏深浅,醉里插花,泪融残粉,枕损钗簪,此痛皮肉之痛。人杳杳,思依依,余寒吹散,不耐风揉,远梦轻无力。问君几多愁,风灭炉烟,相伴孤影,云烟如织,填膺百感,此痛骨髓之痛。我是人间惆怅客,知君何事泪纵横。无法慰藉之痛,乃真痛,此痛憔悴难平,生作千千结,往往夜深隐作。命运不济,世路多舛,引以为憾事,梧桐应恨夜来霜,满目荒凉谁可语,翻覆如斯,怎能安睡?

高卧松下似醉

春来，"大江之南风景殊，杭州西湖天下无。浮光吐景十里外，叠巘涌出青芙蕖"。秋至，"窗前容易又秋声，小院墙根蟋蟀鸣。雅子隔窗问爷道，今朝红叶昨朝青"。唯有门前苍松，不慕春风，不识衰荣，终岁青葱。"岁寒，然后知松柏之后凋也。"孔子所言，无关冷暖，乃一种品格。程砚秋《花事已开再寄叔通先生》云："松柏青青入眼同，好花不竞一时红。惊心尚有东篱菊，正在风霜苦战中。"这样的句子，由柔中有刚的程派唱腔吟出，该是别样的沉郁坚贞了。

古寺无灯凭月照，山门不锁待云封。禅悟之前，担水劈柴；禅悟之后，担水劈柴。古时日本随笔《方丈记·徒然草》云："不知生者死者，由何方来，又到何方去？亦不知暂栖此世，为谁烦恼，为谁喜悦？居者及宅邸无常之情形，便如牵牛花上之露。或露坠花存，花虽存，但一遇朝阳，立时枯萎；或花谢而露未消，虽然未消，终挨不过日暮。"莫泊桑也说:"生活不可能像你想象的那么好,但也不会像你想象的那么糟。我觉得人的脆弱和坚强都超乎自己的想象。有时,我可能脆弱得一句话就泪流满面;有时,也发现自己咬着牙走了很长的路。"我所没有,我所拥有,随缘不变,不变随缘,因果何曾亏欠。

养雏成大鹤,种子作高松。青春是打开即合不上的书,生命乃踏上便回不去的路。人生如赌,只有一注,完美也罢,缺憾也罢,青春典当,永不赎回。得时也罢,蹉跎也罢,前后皆无从对比。以他人为参照,将他人的明媚尽收眼底,站在他人立场,为自己着想,往往大谬特谬。"人生不过是一个行走的影子,一个在舞台上指手画脚的劣拙的伶人,登场片刻,就在无声无息中悄然退下;它是一个愚人所讲的故事,充满着喧哗和骚动,却找不到一点意义。"莎士比亚的深刻,在于洞察,读之,每每陷入冷飕飕的沉思。莎翁时代,世界似乎只有截然的悲喜剧之分,一如硬币的正反两面,自悲剧中走出,便是喜剧,沉湎于喜剧,则为悲剧。

回不去的故乡,便是回不去的青春。吴冠中晚年怅惘道:"故乡已离得那么遥远,并且是半个多世纪前的往事了,童年的情景却永远是那样的清晰,仿佛还是昨天的事呢,是昨夜梦中的经历吧,刚刚梦醒!1919年我诞生于江苏省宜兴县闸口乡北渠村,地地道道的农村,典型的鱼米之乡。河道纵横,水田、桑园、竹林包围着我们的村子,春天,桃红柳绿。"开始时不以为然,结束后黯然神伤。烟花易冷，美梦易醒，浮生长恨欢娱少；枝枝发芽，纷纷落叶，唯有清香似旧时。流年不复记，一切忧郁，皆因岁月易失，生命短暂，一切烦恼，皆因妄自经营，自贱本色。人又俱存爱生恶死之心，俱是逐名趋利之身，哪有不戚戚于贫贱，不汲汲于富贵者也。一心无累，四季良辰，怎么可能？四季往复时，渐衰的身心，孑然的感觉。思君令人老，岁月忽已晚，不思君，岁月也老，旭日与落日，角度不同而已。余华《在细雨中呼喊》分析道："因为当人们无法选择自己的未来时，就会珍惜自己选择过去的权利。回忆的动人之处就在于可以重新选择，可以将那些毫无关联的往事重新组合起来，从而获得了全新的过去。"

"生命是一袭华美的袍，爬满了蚤子。"晚年张爱玲，仍旧睿智不减，敏捷如初，随处才华飞絮，隐都隐不住。但这已非文学的表现，满是生命的醇醪。心无事，念无恋，高卧松下，读数行书，已懒倦欲睡，似醉。

客来无酒何作酒

谢惠连《雪赋》假设主客,虚拟宾至:"岁将暮,时既昏。寒风积,愁云繁。梁王不悦,游于兔园。乃置旨酒,命宾友。召邹生,延枚叟。相如末至,居客之右。俄而微霰零,密雪下。王乃歌北风于卫诗,咏南山于周雅。"高朋满座,吟诗作赋,又有旨酒盈杯,轰饮助兴,岁暮时昏已不觉,寒风愁云渐忘怀,一虫吟到晓,两客淡无言,人生至乐,不过尔尔。然不苟应之现实世界,往往拂意者恒多。

皎然与陆羽饮茶,写下了"俗人多泛酒,谁解助茶香"的句子。杜耒《寒夜》"寒夜客来茶当酒,竹炉汤沸火初红"的句子,也是意境。尤其是前句,故人叩扉,披衣而起,倒屣相迎,取雪煮茶,纵使无酒也醉人。有好事者以此为上联,遂有"醉在壶里地作床""清晨灯醒语成诗""深更朋返月为舟""中秋人去舫成家"之对。少年离别,老时相逢,王安石欣然作《示长安君》:"草草杯盘供笑语,昏昏灯火话平生。"不管席间是否还有老酒,已然闻到酒香。此与《寒夜》诗,皆老友访问诗,其醉意不在酒。汪洋《影生杂记》云:"往岁游日本,寓东京芝浦竹芝馆。一夕,枯坐听雨,居停主人来谈,出素纸索书。为书一律云:'十日濒海住,一灯昏不明。主人偏好客,风雨话三更。'"话至三更,茶乎?酒乎?朱德在闽赣苏区时,一年端午节会餐无酒,朱德说,过去有首古诗,里面有一句"寒夜客来茶当酒"。于是每人就倒了一碗茶。

"故人具鸡黍,邀我至田家",过故人庄的孟浩然是否喝到了酒?"桑柘影斜春社散,家家扶得醉人归",社日郊游的王驾是否喝到了酒?但下了终南山的李白喝到了,"欢言得所憩,美酒聊共挥";送别友人的王维喝到了,"下马饮君酒,问君何所之";做客田家的储光羲喝到了,"日与南山老,兀然倾一壶";在苏州郡斋的韦应物与诸文士也喝到了,"俯饮一杯酒,仰聆金玉章"。

张岱《快园道古》载:"虞原璩博涉经史,隐居瑞安,郡守何文渊时时乘小舟诣之,称莫逆。一夕忽至,坐谈久之,不觉夜半,村落无所觅酒。太守曰:'醯可代也。'璩遂出新醯,侑以蔬韭,对酌剧谈,时人谓之醋交。'托兴非耽酒',一醋亦能耳,不若今之良朋高会,非酒不欢,唯轰饮大醉而已,无余蕴矣。"茶当酒也罢,醋何以代酒,山西人可,江浙人何以堪?

不期而至,有客无酒,茶也酒,醋也酒,茶醋皆酒,而有酒客不来时,酒也茶,酒也醋,酒同茶醋。赵师秀《约客》"有约不来过夜半,闲敲棋子落灯花",便是此等无趣,当然此无趣非诗无趣,诗中人无趣也。

青春

浪漫到了底

路过一家影楼,名"浪漫一生",顿觉匪夷所思,浪漫一阵尚可,若以"真爱无罪"为由,自我妄为,浪漫一生,实在消受不了,况且天下事久利必害,专欲难成。可又一想,一生不过一阵,分明岁月同奔马。昔去雪如花,今来花似雪,一生似一阵;思君心欲折,又负菊花期,一阵似一生。

离别后再未见面,或再未想起之人,曾笑着道过再见,虽深知遥遥无期,如同永诀。明知相思苦,无奈苦相思,不是遥远,或许就住在城的东西、河的南北,但中间隔了若即若离,人来人往,便是缘散了。天空越暗,星辰越显,回忆之于思念,一如灯盏之于夜行之人,竟能让火炽水溢者活过一生。

华叶落尽,风骨始现。古印度哲人说,人应把中年之后的岁月,全部用来自觉与思索,以便找寻最深处的芳香。探源溯流,阐幽发微,与所谓的浪漫显然不属一回事。苏东坡言:"凡文字,少小时须令气象峥嵘,彩色绚烂,渐老渐熟,乃造平淡。其实不是平淡,绚烂之极也。"时间能够掩盖热情,却无法吞噬真情,浪漫由此隐藏进了不求人知的年轮。

余华说:"我十岁展望2000年时,我显然是奢侈了;而现在回忆十岁的情景时,我充满了伤感。这是时间对我们的迫害,同样的距离,展望时是那么漫长,回忆时却如此短暂。"你所理解,仅仅你所熟悉;你所熟悉,仅仅你所偶见。别人的忠告,合拍了心路,方会记忆。太多的秘密,太多的经历,都会产生孤独,这与放下放不下无关。米兰·昆德拉《生命不能承受之轻》说:"或许生活早已注定了无所谓幸与不幸。我们只是被各自的宿命局限着,茫然地生活,苦乐自知。就像每一个繁花似锦的地方,总会有一些伤感的蝴蝶从那里飞过。"命运由个性成,个性由习惯成,习惯由意念成,意念由愿望成。当你渴望得到某个东西,终能得到;当你渴望成为某种样子,终能成为。安分即安命,渴望便是你在世间的使命。心中有佛,满眼是佛,心中有魔,满眼皆魔,是佛是魔,皆在愿望。

时运不济,命途多舛,冯唐易老,李广难封,呕心事业无成败,拔地苍松有远声;河山依旧,国号已改,虽死之日,犹生之年,千古兴亡多少事,不尽长江滚滚流。心在朝廷,原无论先主后主;名高天下,何必辨襄阳南阳。如此,倒不如浮生愿向书丛老,不惜将身化蠹鱼,倒不如万卷古今消永日,一窗昏晓送流年,守着一间书房,便守住了一个理想国。有书有情有肝胆,亦狂亦侠亦温文,不也是一种浪漫。

一夜之间,千树万树梨花开;一夜之间,落花时节又逢君。草木长得快,比不上人的年龄;年龄长得快,比不上你的心情。主宰浪漫者,不是速度,是诗意,不是年龄,是心情。川端康成《花未眠》云:"凌晨四点醒来,发现海棠未眠。如果一朵花很美,那么有时我会不由自主地想到'要活下去!'"什么芥蒂使川端最终还是孟浪选择了自杀,浪漫到了底?

青春燃起的高烧

雏鸟离巢，天空无限，顺风逆风，不知倦意。旅行对于年轻人，不算爱好，属好奇的驱使，方向无所谓，只要可以驶离，天空的本意是自由。乔伊斯说"流亡，就是我的美学"，而漂泊是青春的本能，旅行只是漂泊的状态。

任何习惯，起初皆源自强迫，规矩是无形的笼子。王小波说："知识分子最大的罪恶是建造关押自己的思想监狱。"岂止是知识分子，父母亦然，在建造关押自己的监狱时，也囚禁了孩子。鲁迅说："他们自己就常常随便大说大笑，而单是禁止孩子。"年轻时，都想离开父母，解脱摆布，且越远越好。不愿追寻设计的线路，而是追求缥缈的目标，口中不设雌黄，眉端不挂烦恼，唯恐忽视了自己双脚的存在，即便头破血流，也在所不辞。易卜生的《娜拉》里，娜拉抛了丈夫、儿女飘然而去；现实中，秋瑾抛了家庭投身革命。父母的位置，决定着孩子的起点，但无法决定其行进的轨迹。杨沫的《青春之歌》,塑造了一位背叛自己家庭的革命者林道静,现实中这样的例子数不胜数。逆反是年轻人体内的激素,出格举动皆由此而来。哲人说:"当自由大潮到来,甚至阻挡这浪潮的企图,都是在推动它的前进。"

天地皆逆旅,即便有弯路,有后悔,也是成长期所付出的必要代价。米兰·昆德拉《不朽》说:"没有一点儿疯狂,生活就不值得过。听凭内心的呼声的引导吧,为什么要把我们的每一个行动像一块饼似的在理智的煎锅上翻来覆去地煎呢?"倪匡的话则直截了当:"人类之所以有进步的主要原因是下一代不听上一代的话。"龙应台的《亲爱的安德烈》也说:"你一定要'离开'才能开展你自己。所谓父母,就是那不断对着背影既欣喜又悲伤,想追回拥抱又不敢声张的人。"一个人幸运的前提,是他最终改变了自己。

青春是激素燃起的一场高烧。待青春渐失弹性,心境归于平静,卸载多余的沉重,你又悄然成为你自己。而衰老的父母,也使你远行的脚步无法再如年轻时那样坚定不移,义无反顾。故乡跟着父母走,当父母也离开了故乡,倦鸟已无巢可还。母年一百岁,常忧八十儿,老舍《我的母亲》说:"人,即使活到八九十岁,有母亲便可以多少还有点孩子气。失了慈母便像花插在瓶子里,虽然还有色有香,却失去了根。有母亲的人,心里是安定的。"黄永玉《清明节》说:"儿子老了,只能遥望高山上父母的坟。"读了这样的话,背过身去,泪都能悬落下来。

虽说白雪青松，冬亦胜夏，然夏虫不可语于冰，萧瑟冬季来临，方开始伤感斑斓的夏日。流年不复记，终岁无所营，一生近乎漂泊的三毛也悔言道："我来不及认真地年轻，待明白过来时，只能选择认真地老去。"年轻时，明日复明日，明日何其多，万事皆有蹉跎的资本。待虚堂留烛，百念灰冷，"认真地老去"时，只能将生命的每一天，当作最后一天度过，今昔一别，一别永年，借酒忆前，悔不当初。活得太累，便失却了大半的翩翩兴致，搁浅了过程的阵阵快感。还是徒手的青春好，可以水流任意，花落自闲；可以午睡醒来，颓然自废；可以透支赊账，虚度消磨；可以不计成本，无虑后果。每个中年人都活过年轻，每个老年人都活过中年，唯独年轻人，正在活着年轻。

没有挂碍的快活

纵使饿肚子、冻耳朵，回忆起来仍如此美好，因为那个时期有我的童年，逍遥自适于用不完的时间里，嘉言懿行于思无邪的状态中。快乐是好天气，但你无法生活在其间，时光回不去了。我记得那时，顶着烈日，穿过几个街区，就为买一根四分钱的冰棍；等待几个小时，就为看一场不知已看过几遍的露天电影。美好事物，不论意义，无关得失。幸福不是求来或修来的，它就站在童年位置处，存于每个孩子的心底。

沈从文《湘行散记》说："山头夕阳极感动我，水底各色圆石也极感动我，我心中似乎毫无什么渣滓，透明烛照，对河水，对夕阳，对拉船人同船，皆那么爱着，十分温暖地爱着！"感动他的，实则也是童年。虽说回忆有截取，有断章，但大体还是真实的。胡适也说："一切自传，最特殊的部分必定是幼年与少年时代。写到入世做事成名的时期，就不能不有所顾忌，不能不'含蓄''委婉'了。"

常态生活，没有大喜大悲、大开大阖，淡淡的忧虑、说不清的期待，交替呈现于每一天。支撑你走下去的不是兴奋，不是决心，是惯性。回忆青年时期尚可，若是繁弦急管的中年，这事那事，都觉无聊，生愁生悔，一身疲惫。"好事坏事，过后谈起来都很罗曼蒂克"，木心真是看开了。结果圆满，过程琐碎，对功利主义者而言，再极致，也无感动，再成功，也无浪漫。

愿望蜕为欲望时，你真就烂熟了。梁漱溟分析道："越聪明的人，越容易有欲望，越不知应在哪个地方搁下那个心。心实在应该搁在当下的。可是聪明的人，老是搁不在当下，老往远处跑，烦躁而不宁。所以没有志气的固不用说，就是自以为有志气的，往往不是志气而是欲望。"脸面阴郁，终因心情灰色。为此，星云大师开出了一味心灵鸡汤："春天，不是季节，而是内心；生命，不是身体，而是心性；人生，不是岁月，而是永恒；云水，不是景色，而是襟怀；日出，不是早晨，而是朝气；风雨，不是天象，而是锤炼；沧桑，不是自然，而是经历；幸福，不是状态，而是感受。"

只有站在画架前，才会感到生机。梵·高说"绘画是一件丧失理智才会去做的蠢事。"这般理智丧失，是沧桑后的归真，在尼采看来则是一种成熟："真正成熟的人，就是能重新找回小时候玩游戏的那种认真。"当你不再因别人的看法而忧虑，不再需要外来的赞许时，或许才有了生命的突破，心灵的自由。有了信念，便有了精神支柱，也就有了哲学系统。

幽谷投响，过而不留，月池浸色，空而不着。钱锺书《写在人生边上》云："洗一个澡，看一朵花，吃一顿饭，假使你觉得快活，并非全因为澡洗得干净，花开得好，或者菜合你口味，主要因为你心上没有挂碍。"童年的快活，说白了，就在没有挂碍，无忧无虑，不知不觉。

溶化心灵的快乐

偶闻"台北快闪合唱",场面感人,在场者,都遇到了一个美丽的意外。一群业余歌手,几首熟悉旧曲,乏难度,无技巧,演出不择其地,一片空地即可,先在台北101大厦饭厅,后是北京国贸大厦餐区。神迈识高,情起心惠,溶化心灵之歌,即天籁之音,霞染南山伴鸳飞,炊烟悠渺晚歌洄,大概描述的就是此般情形。

你看不到他的快乐,他却时时快乐着。别人的快乐,何以打动你的内心?因为你需要它,现实中又缺少它。笛声凄凄,隐约而至,沾肤秋雨,渐已刺骨,每个人内心,都潜流着一条无端忧伤的暗河。坐卧在四壁堂皇的豪舍,幽堂昼深,百般寂寞,如蹲靠于了无生趣的囚牢,四下流离,无枝可依。王孙香草年年绿,阿母桃花度度红,纵使陌上花开,万物生机,内心依旧西门秋树,一身肃霜,楼外青山无数,隔不断新愁来路。成年后,笑容渐稀,越发喜欢独处,"知我寡言语,长夜客安然",何以然?村上春树说:"哪里会有人喜欢孤独,不过是不喜欢失望。"

任何笑意,皆因内心得到了赞许;任何快乐,皆因内心产生了共鸣。故曰所有的爱,皆自爱。心清万物澄明,满箧收成,取决于心态开放多少;流咏止于洞箫,连篇新制,得益于思路突破几重。夜月一帘幽梦,春风十里柔情,是由于赶上了一回奇异的旅行。有些路,不走下去,怎会晓得道旁风景有多曼妙。

凡人两只手,一只为己,一只助人。以宽容对待生命中每一人,以豁达处理发生的每一事。那些欲以慈悲之筏,渡苍生于抑郁沉身者,大概都得有一般宗教情结。某次打夜车至某偏陬地,司机要四十,我说距离不算远,他说回来是单程空车。下车时却只要三十五,说"人越老越善",其已五十六,上年添了外孙,跑夜车贴补家用。我说我也到了"人越老越善"的年龄,还是给了四十。笑容经由感染他人,感染自己;快乐通过改变心情,改变周遭。理智乃世上一股自觉的力量,感性却能以柔克刚。"五十以学《易》,可以无大过",学什么都不如学善,似有所悟。

苏东坡有人见人爱之魅力,纵使身陷逆境,一贬再贬,仍不见愁容,且以快乐示人。据曾敏行《独醒杂志》载:"东坡多雅谑,尝与许冲元、顾子敦、钱穆父同舍。一日,冲元自窗外往来,东坡问何为。冲元曰:'绥来。'东坡曰:'可谓奉大福以来绥。'盖冲元登科时赋句也。冲元曰:'敲门瓦砾，公尚记忆耶？'子敦肥硕，当暑袒裼，据案而寐，东坡书四大字于其侧，曰'顾屠肉案'。"毕竟具有"牵犬东门，岂可得乎"者不多，予人快乐之前提，是自身具有的满腹珠玑、殚见洽闻学识，以及汪洋容止、襟度阔达性格。

黄菊缀篱，开口笑者是愚人；红杏出墙，不开口笑者是痴人。人生苦短，有什么高兴的？随园主人有"人无风趣官必贵"之句；人生苦短，为什么苦恼呢？卓别林有"没有欢笑的时光，是在虚度光阴"之说。为的都是对自己的良心有所交代，却有着不同的方式。然结果正如索尔·贝娄所言："我们所追求的世界，永远不是我们所看到的世界；我们所期望的世界，永远不是我们所得到的世界。"

一次斑马线上等红灯，一个孩子不知听到了母亲一句什么话，咯咯笑声清脆而爽朗，竟涤荡了川流车辆的噪音，我的心情也为之整整好了一日。这孩子的笑声，亦天籁之音。

美女才女平常女

当才女遇到才女,杨绛微词张爱玲,冰心微词林徽因,骨子里透着良家妇女的优越感。当美女遇到美女,说头就更多了,"背后看还可以""可惜气质差了点""就是衣着品味不够",诸如"妖精""骚货"之类难听的话当然也有。既生瑜何生亮,某种情况下,一个人的存在,本身就是对另一个人的伤害。

街市走过,无数眼睛相随。王安忆说美女:"她们天生就不是爹娘养的,是天地钟灵毓秀。"若有人依靠,谁愿意独立,对美女尤如此。美丽非魅力,更不等于能力,靠人不当,不如靠己,能力独立,方可经济独立。三四十年代,程砚秋创办中华戏曲学校,其尝告诫女学生:"毕业了,不是让你们去当姨太太!"伏低做小,在那个年代倒是不错的归宿。

美女才女引人注目,关于他们的故事自然也多,平常女便没有那些甚至被演绎的故事了。虽曰平胸穷三代，腰粗毁一生，脸大不是病，腿粗要人命；虽说一白遮三丑，一高遮五丑，一瘦遮七丑，一胖毁所有；然风也萧萧，雨也萧萧，冷也清清，暖也清清，内心大致不会有大不同。夏洛蒂·勃朗特《简·爱》云："你以为我贫穷、相貌平平就没有感情吗？我向你发誓，如果上帝赋予我财富和美貌，我会让你无法离开我，就像我现在无法离开你一样。虽然上帝没有这么做，可我们在精神上依然是平等的。"婚姻不是寻找一个完美之人，而是以完美眼光去欣赏一个不完美的人，基于这一点，野百合也有春天，平常女同样绽放。张爱玲《倾城之恋》说得白："一个女人，倘若得不到异性的爱，就也得不到同性的尊重，女人就是这点贱。"

霁月难逢，彩云易散，无论美女才女还是平常女，都将花落知多少。贾宝玉感慨："女孩儿未出嫁，是颗无价之宝珠，出了嫁，不知怎么就变出许多不好的毛病来，虽是颗珠子，却没有光彩宝色，是颗死珠了；再老了，更变的不是珠子，竟是鱼眼睛了。"一个瓶子，插花为花瓶，盛醋即醋瓶，花瓶变醋瓶，几年工夫。警察查酒驾，一女车主问："受伤了用酒精消毒算不算酒驾？"警察很肯定地说不算，问她伤到哪了？"伤心了！"但为醋瓶，糟味留酸，无毒而熏人，王小波《黄金时代》云："中年妇女在中国是一种自然灾害，这倒不是因为她们不好看，而是因为她们故意要恶心人。"美丽生长在时间里，而非颜面上，时间一旦逝，美丽化乌有，曾经的过人之处，竟成脂粉无以掩盖的短板。围着锅台转，围着老公转，围着孩子转，是否就是女人平淡琐碎的宿命？

看一档访谈节目，几个二十年前花姿摇曳、蜂蝶环飞的电影人，如今成了邻家大婶面目，恋恋在风尘，风尘不恋人，无论何许人也。长恨此身，枯荣随时节；浮华如戏，晨醒无梦痕。遂生一声吁叹：美女才女平常女，终成熟女；真情假情不了情，都会伤情。

优雅优于优秀

赶时髦,本质上是内心未有自我,流行的样子,是谁的样子,反正不是你的样子。张爱玲说:"对于不会说话的人,衣服是一种暗语,随身带着的一种袖珍戏剧。"不只对于讷言者,就"鸟若不死语不休"者而言,也如此。服装的赶时髦,若跑龙套;行为的赶时髦,是打圆场。亦舒便对此不以为然:"我大好的一个人,凭什么跑到别人的生命里去当插曲。"

赶时髦者,无优雅可言,若有,曲未成声,装模作样,非骨中斯文。优雅者何在乎徐行缓步,或大步槛过;何在乎殷红浅碧旧衣裳,或红罗著压逐时新。"俗滥就是自己没有本色而蹈袭别人的成规旧矩",朱光潜竟将赶时髦与俗滥画了等号。优雅出自修养,不经意间流露,暗香浮动,无风而散,壁上挂琴,音自何来?动人春色的确无须多,一点足矣。世人不知心即是道,其体量实在有限,盛得下是是非非，便挤去了风花雪月，盛得下忙忙碌碌，便容不得舒绅缓带，故曰优雅者看似荆扉昼掩，闲庭宴然，实则汪洋容止，豁如旷达。

优雅者外表格高气俊，温文尔雅，多因内有独立人格，自由精神。对于男性，无须向上峰折腰，切莫向下属伸手；对于女性，不做需要男人之女人，而做男人需要之女人。优雅者无论身份，善贾者无市井气，善文者无迂腐味。与年龄也无关，马尔克斯《霍乱时期的爱情》云："任何年龄段的女人都有她在那个年龄阶段所呈现出来的无法复刻的美。她因年龄而减损的，又因性格而弥补回来，更因勤劳赢得了更多。"以专识育人，可造优秀之人；以人文润人，方成优雅之人。有才而性缓，有智而气和，优秀可成优雅。

优雅者之间，总有一截草色遥看近却无的距离。眉目传情，两心相悦，乌龙不作声，碧玉曾相慕，心里有，口中无，俗人之情，不俗襟怀，大概就是这般距离。你是你的，我是我的，然后才是我们的，也是这般距离。为此，董桥有直白解析："西方的东西使得我时时刻刻警惕自己，做人要有分寸。因为西方人跟人交往非常讲究保持适当的距离，人与人之间，人与事情之间，这些东西是我受西方最大的影响。分寸使得人与人、人与事、人跟景物保持很舒服的距离，包括人跟权力之间，在台上的时候，他是他，下了台，他还是他。"然你有你的高大伟岸，我有我的婀娜多姿，总有那么一个人，纵使耐心等待，却永不赴约，兰房跬步，重帘几许,胭脂褪颊,残妆晓镜,荼蘼花开春去也。

而此般距离,更多是与世俗间的横海隔岸。博尔赫斯终身在图书馆工作,博得大名后,依然故我,安然做事。某日,同事在百科全书里读到"博尔赫斯"条目,兴冲冲捧书而至:"百科全书里有个人,不仅与您同名同姓,而且出生年月也完全一致。""是吗?"其只轻声应了句,便又忙于整理书架。闲中书伴,身外无求,优雅有宁帖缭乱情绪之效。两耳不闻,一心无累,行云流水,烟岚清音,非故作,本然耳。

诗文书画之益,可消粗犷之气,助变化之功,此优雅最为直观的修养。马一浮《尔雅台答问续编》便曰:"作诗写字,皆可变化气质,但须习久,始能得力。躁者可使静,薄者可使敦,隘者可使扩,驳者可使醇,俗者可使雅,浅者可使深。"风行水上,自然成纹,纹者,文采也。虚堂留烛,照亮内心,此修养最为关键。

木兰成笔,诗画空穹,优雅文字,定出于优雅之人。1926年8月30日,在沪文学研究会同人宴请途经上海的鲁迅,朱自清《鲁迅先生会见记》云:"那晚他穿一件白色纺绸长衫,平头,多日未剪,长而干,和常见的相片一样。脸方方的,似乎有点青,没有一些表情,大约是饱经人生的苦辛而归于冷静了罢。看了他的脸,好像重读一遍《〈呐喊〉序》。"胡兰成《山河岁月》云:"我写此书有一种凄凉,一种欢喜,前人说身与货孰亲,我是现在才文章与身相亲。"冰心《寄小读者》云:"八月十五中秋节,满月的银光之下,说着蟾蜍玉兔的故事,何其清切。"黄裳谈读书:"灯前展卷,漫阅一过,古香袭人,心目俱爽,烦虑都尽。念'书味夜灯知'之句,不禁怡然有感于心也。"

优秀立身,优雅立品,优秀之人未必优雅,优雅之人必优秀。优秀优于优雅,学业所得;优雅优于优秀,修养而来。

美与色且不同

柳宗元的"美不自美,因人而彰",与罗丹的"生活中不是缺少美,而是缺少发现美的眼睛",大概表述的是同一意思。

见美心扉萌动,人之常情。凡所见色,皆为见心,心不自心,因色故有。宗教徒、理学家、卫道士则竭力遏制此般自然状态,将美与色等同,风华绝代,以为祸水。色即是心,心即是色;色即是空,空即是色。蒋介石年轻时好色,遇美女心旌摇荡,某日日记道:"见艳心动,记大过一次。"色不异空,空不异色;见色知心,知心依色。一次在李济深家中,徐悲鸿对章伯钧说:"伯钧,我送你一匹马吧。"章伯钧说:"我不要你的马,我要你的女人。"徐摇头道:"那些画,是不能送的。"秀色欲餐者,过不在色,在欲餐者。

寻常一样窗前月,才有梅花便不同。贾平凹窗前,栽不活南方的梅花,活的是北方的垂柳,"院再小也要栽柳,柳必垂。晓起推窗，如见仙人曳裙侍立；月升中天，又似仙人临镜梳发。蓬屋常伴仙人，不以门前未留小车辙印而憾。能明灭萤火，能观风行。三月生绒花，数朵过墙头，好静收过路女儿争捉之笑"。树影参差，别趣偶得，便能潜消世虑；鸟栖高枝，附会新说，怎可割断尘缘。

东风袅袅，香雾霏霏，天地以生气成之，画以笔墨取之。陈传席说"中国的山水画是儒道思想的载体"："山的稳重、水的流动，山的高、水的长，当中都有哲学意味。因此山水画不讲究色彩，而以水墨为上品。"色黯而墨显，形似而韵生，在清不在浓，在逸不在流，此审美不限于国画。丹青似诗，诗句无言，曲高每生和寡。精英的梅花，不是大众的梅花，反之亦然。无论精英，抑或大众，还是宗教，涂脂抹粉厚几许，艺术本就真性情，稍有虚假，和谐不得。"你说你喜欢雨，但在下雨时你却打着伞；你说你喜欢太阳，但在阳光明媚时你却躲在了树荫；你说你喜欢风，但在刮风时你却关上了窗"，这便是伪性情了。

"若言琴上有琴声，放在匣中何不鸣？若言声在指头上，何不于君指上听？"虽有妙音，若无妙指，终不能发。莺藏柳暗无人语，唯有墙花满树红，乱花深处曾相见，一时忘却想不起。悠然心会，妙处难与君说，周作人试图与君说："歌人用数单字以成诗，正犹画师之写意。淡淡数笔，令见者自然领会其所欲言之情景，其力全在于暗示，倘白描着色，或繁辞缛彩，反失之矣。盖其艺术之目的，但在激起人之深思，而非以餍饫之也。故读佳妙之短诗，如闻晨钟一击，幽玄之余韵，缕缕永续，如绕梁而不去。"顾左右而言他，是周作人的高明，也旁观者的糊涂，看来这真是个不大能讲明白的道理，也只好靠隐跃行间的意会了。

"带雨有时种竹，关门无事锄花。拈笔闲删旧句，汲泉几试新茶。"日永多闲，美之生焉，一件古董落在乞丐手里，哪有美可言。闲在身与闲在心毕竟不同，《传习录》载王阳明故事："先生游南镇，一友人指岩中花树，问曰：'天下无心外之物，如此花树在深山中自开自落，于我心亦何关？'先生回答说：'你未看此花时，此花与汝心同归于寂；你来看此花时，则此花颜色一时明白起来，便知此花不在你的心外。'"闲在心者，美即是美；闲在身者，美即是色。

少年约会

"去年元夜时,花市灯如昼。月上柳梢头,人约黄昏后",古时男女约会之诗化情节。

千百年前的男女,与今日之青年,观念见识均已不同,情感款曲却大致未变。古时幽会,多为男子主动,女子应之。《邶风·静女》写青年男女约会:"静女其姝,俟我于城隅。爱而不见,搔首踟蹰。静女其娈,贻我彤管。彤管有炜,说怿女美。"林断山明竹隐墙,乱蝉衰草小池塘,相约城角,男子赶到,而女子"爱而不见",急得男子"搔首踟蹰"。

《庄子·盗跖》载"尾生抱柱"故事:"尾生与女子期于梁下,女子不来,水至不去,抱梁柱而死。"少年先至桥下,女子未及,恰此时,远方的雨水顺此旱河淌来,空气中弥漫着土腥味。尾生毫不惊慌,也不愿离开,脸上满是凝重。河水先是打湿了鞋面,浸泡了小腿,再淹沉到了膝间、腰间,尾生抱住桥柱,但女子仍未及。水已没至胸间,尾生抱紧桥柱,女子仍无影。水没至脖颈,没过头顶,尾生终于没有浮上来。待水退后,少年仍合臂僵抱着桥柱,众人想分都分不开。庄子未交代那女子是谁,秋水无尘,秋云无心,归云一去无踪迹。何处是前期,真是辜负了少年一片痴心。但人们还是愿将女子想象得淳淡婉美,将尾生想象得浑厚守信。

一步之遥,万水千山,生活不是单行线,一路不通,大可转弯。然若转弯了,心念也会随之转,就没了这个凄美传说。同样的事,第一回是悲壮,第二回便可当笑话讲了。青年时代,能把自己安排对的不多,然若安排对了,那还叫少年吗?世间多少浅斟低唱、委婉缠绵故事,皆因鲁莽冒失、不管不顾而成。

与尾生的凝重不同,《西厢记》里的张生,便轻佻成了一场喜剧的呈现。崔莺莺约请张生:"待月西厢下,迎风户半开。拂墙花影动,疑是玉人来。"是晚,张生于后花园花繁柳密处寻芳踪,闻听琴声,即"狗急跳墙",翻滚而入。

圣·埃克苏佩里《小王子》叙述约会事:"你下午四点钟来。那么从三点钟起,我就开始感到幸福。时间越临近,我就越感到幸福。到了四点钟的时候,我就会坐立不安:我就会发现幸福的代价。"平铺直叙,约会前的忐忑,尽致写出,真是高手。

苏联歌曲《山楂树》描述的是钳工和锻工俩小伙同时与一姑娘约会的情形,"两个青年等我在山楂树两旁,哦,那茂密的山楂树白花开满枝头"。还是想象不出这样的三人之约，其中的尴尬如何化解，结局如何收场。毛姆《月亮和六便士》说："作为坠入情网的人来说，男人同女人的区别是：女人能够整天整夜谈恋爱，而男人却只能有时有晌儿地干这事。"若如此，倒是该为这姑娘担忧了。

多数人生，都是一个走出家庭、再回家庭的过程。危亭旷望，静临烟渚，谁家横笛，吹动浓愁？回是回去了，向来缘浅，奈何情深，携手的却非意中人，未免怅然若失，忽忽不乐。"知我者，谓我心忧；不知我者，谓我何求"，其实什么也无求。

时光好不经用，尚未成熟，便已老去。鲁迅说："婚姻中最折磨人的，并非冲突，而是厌倦。"多少直撞南墙、头破血流的约会人，未几，翠羽离披，劳燕分飞。倒是一般消瘦、一庭惆怅的怨偶撮合，结发终老，承欢膝下。情不知所起，一往而深，越是没有风情的平凡陪伴，往往越能长久。李碧华的话冷峻而警醒："不要考验人性，千万不要——它根本不堪一击。"世间变化，一为因果，二为无常，尤其对于婚姻。

正当好年华

歌曲《人说山西好风光》中唱道:"杏花村里开杏花,儿女正当好年华。男儿不怕千般苦,女儿能绣万种花。"以前未在意"儿女正当好年华"中的寓意,待摈弃丝竹入中年之后,生理退化,心理老化,始悟此话之深远。

沈从文说:"我这一辈子走过许多地方的路,行过许多地方的桥,看过许多次数的云,喝过许多种类的酒,却只爱过一个正当最好年龄的人。"那个人就是张兆和。这是木讷自卑的沈从文,一生中说出的最为得意自信的话。所谓"正当最好年龄",即"正当好年华",即陈独秀的那句"美酒饮到微醉止,好花看在半开时"。情不知所起,一往而深,张爱玲说:"于千万人之中遇见你所要遇见的人,于千万年之中,时间的无涯的荒野里,没有早一步,也没有晚一步,刚巧赶上了,没有别的话可说,唯有轻轻地问一声:噢,你也在这里?"世间多少缘分,如不经意翻过的书,有印象,无记忆,哪见过，想不起，最初不相识，最终也不相认，匆匆而过，如隔云端。席慕蓉在《一棵开花的树》一诗中道："如何让你遇见我，在我最美丽的时刻。"然常常是年华未暮，容貌先秋，哪里能等在"正当好年华"的当口。

一次在公交站牌下等车，旁边一卖艺小伙，唱得竟都是我"正当好年华"时的老歌。从《橄榄树》《外婆的澎湖湾》《赤足走在田埂上》，到《乡间小路》《童年》《踏浪》，一首接着一首，我似乎都还熟悉。细碎残阳，余晖暖暖，晚风飘散，疲惫归帆，皆曲中景致；稻草缕衫，蛙鸣悠扬，树叶金黄，风声瑟瑟，亦人生境遇。唱的中间，若急道一句"谢谢"，定是有人在琴盒里放了碎钱。当他唱至《兰花草》时，我也走上前去，小伙子照例插了声"谢谢"。"我从山中来，带着兰花草。种在小园中，希望花开早。一日看三回，看得花时过。兰花却依然，苞也无一个。"当年听"种在小园中"，怎么也不解，何以将兰花种于"校园"，民国的校纪太松弛了，学生也太诗意了，后来才知，是"小园"。写这首小诗时，正是胡适的好年华，当年的演唱者刘文正，也正如眼前的这位小伙子，都在好年华。但今天听歌的我，春华已逝，"不知老之将至"，想来莫名的怅惘阵阵袭来。

村酒酣人，何须绿蚁，不觉早已错过了几趟车，在听得"某年某月的某一天，就像一张破碎的脸。难以开口道再见，就让一切走远"时，我挤上了目送的车。真想告诉小伙子，好好唱吧，张爱玲说过："你年轻吗？不要紧，过两年就老了。"人生不过如此，就是一场一场的目送，且行且珍惜吧。《池北偶谈》曾录孙奇逢题壁句："人生最系恋者过去，最冀望者未来，最悠忽者现在。夫过去已成逝水，勿容系也；未来茫如捕风，无可冀也。独此现在之顷，或穷或通，时行时止，自有当然之道，应尽之心。"当下的一切无有不好，赶路的我，走着一米一米斜阳下无法后退的人生，卖艺的小伙，弹着一曲一曲淡荡中何曾有质的年华。

年华无声里，是否正当时，唯有花开花落、草枯木荣了，方可察觉。回味往往伴随着后悔，看花皆是白头人，后悔当时未珍惜。一日秋风一日疏，然珍惜若是种刻意，刻意必有强迫成分，"十五志于学，三十而立，四十而不惑"，这样的年华是否还能正当美好？

芹意

情之所钟

忻州朋友黑灯瞎火请小吃，食毕见路牌"元遗山路"，借着酒兴，齐声诵读"问世间情为何物，直教人生死相许"。当年元好问赴试并州，途遇一猎人射雁，一只不幸中箭而坠，另一只则盘旋哀鸣片刻，撞地自戕。塞下秋来风景异，衡阳雁去无留意，本已萧瑟无比，荒凉无限，遇此情形，不能自已，遂自猎人手中购得一双大雁，葬诸横汾路，取名"雁丘"。太原汾河公园内有"雁丘"，近人附会也。

余本木讷之人，少年之时，一心在吃喝，为肚皮所困，一食美餐，数周回味。既长，同学间已私订终身，我尚未谙苟且之事。他人追逐美人，胭脂画牡丹，红叶题艳诗，我则每每感念素常女子的小小善举，无所事事地祝福着周遭之人。

先前只在乎我在乎的人，后来只在乎在乎我的人，情感若随年龄成熟，年龄便随性格凋敝。若只是喜欢，何必夸张成爱？"某些人的爱情，只是一种'当时的情绪'。如果对方错将这份情绪当作长远的爱情，是本身的幼稚。"三毛说这话时，年纪盖也一大把了。"我渴望能见你一面，但请你记得，我不会开口要见你。这不是因为骄傲，你知道我在你面前毫无骄傲可言，而是因为，唯有你也想见我的时候，我们见面才有意义。"岁月是堵墙，越筑越高，显然，扭捏的波伏娃年纪也一大把了。王小波的结论为：人生就是一个缓慢被锤骟的过程，一切都在不可避免地走向庸俗。即便如此，一个人只拥有此生此世是不够的，他还应该拥有诗意的世界。

钱锺书谈与杨绛情事："我见到她之前，从未想到要结婚；我娶了她几十年，从未后悔娶她；也未想过要娶别的女人。"杨绛《我们仨》以一情节复述之："锺书和我互相理发，我能用电推子，他会用剪刀。""小屋三间，坐也由我，睡也由我；老婆一个，左看是她，右看是她。"黄永玉的所谓自得其乐，实则多数人波澜不惊的生活状态。

胡适看过母亲寄来的江冬秀绣照后，给江写了首白话诗："前度月来时，仔细思量过。今夜月重来，独自临江坐。风打没遮楼，月照无眠我。从来没见他，梦也如何做？"一纸八行，不遇温情句；鱼腹雁足，空有往来烦。月照无眠，落红狼藉，胡适此生也就此交代。终身未娶的陈岱孙，伫立残阳，西风独自凉，回顾己之一生："我这辈子只做了一件事，教书。"此话太沉重，蕴有无尽意，世间不堪忍者潸然泪水，浓至不能流动，便会淤积心底，环佩扰梦，反倒清淡，有了卧抱泉石的襟怀，虽寡言，足以语人生。无一可恋，无一可舍，太空虚中，之乎者也。所有随风而逝者，皆属昨日，曹植《薤露行》一句"人居一世间，忽若风吹尘"，让多少人看得开，却又想不通。人之处世，可怜如此，且无论执拗者，抑或操切者。

情之所钟，世俗礼法如粪土。在存天理灭人欲的礼教时代，直白道出"生死相许"来，当属敢言逆人。"往过去看，一代比一代多情；往未来看，一代比一代无情。多情可以多到没涯际，无情则有限，无情而已。从多情转向无情就这样转了……"木心不我诳，顷刻聚咫尺，一念散天涯。在物欲十分的年月，唯有功利，何曾浪漫？司马相如与卓文君、徐悲鸿和蒋碧薇的私奔故事，无论结局如何，开篇便十分精彩。然一路到白头，发现表面只是落了层雪，这便是"等闲变却故人心"的梨花结局，白茫茫一片真干净。

山盟在

二十世纪八十年代初听李燕杰的广播演讲,第一次听到其朗诵的乐府《上邪》,尤叹其中的"山无陵,江水为竭,冬雷震震,夏雨雪,天地合"句,一气赶落,不见堆砌,且抑扬铿锵,朗朗上口,遂背记。以上五者皆必无之事,指天为誓,口气大却含蓄,情感深而不弃,上古纯情,素以为绚矣。发如此天崩地裂之绝愿,语如此愁肠百结之幽怨,定是遇到了什么阻力,来自门第差异?还是生离死别?总之大变故挡在了眼前。

光绪年间,敦煌石室发现过一批唐五代手写卷,其中的一首《菩萨蛮》与《上邪》类似:"枕前发尽千般愿,要休且待青山烂。水面上秤锤浮,直待黄河彻底枯。白日参辰现,北斗回南面。休即未能休,且待三更见日头。"与《上邪》女子非君不嫁口吻异,此曲出自一男子。为休与不休事,枕前发愿,虽是千般,却也打折,而"水面上秤锤浮,直到黄河彻底枯。白日参辰现，北斗回南面……三更见日头"的句子，略显铺陈安排。民国时期结婚证书言："嘉礼初成，良缘遂缔。情敦鹣鲽，愿相敬之如宾。祥叶螽麟，定克昌于厥后。同心同德，宜室宜家。永结鸾俦，共盟鸳蝶。"证词虽好，铺陈更甚。

凡卉也有真香，民间多存执念。昔我往矣，千般针线，征夫未归，朱颜已辞镜；去年此门，人面桃花，眉间心上，无计相回避。语已多，情未了，离人亭前，相对无言；剪不断，理还乱，独自凭栏，落花流水。聚散匆匆，劫后不相逢；今宵无眠，风雪谁夜归。酒入愁肠，千里之外感应；彼岸留言，隔江之人心印。

据范摅《云溪友议》载："中书舍人卢渥，应举之岁，偶临御沟，见一红叶，命仆搴来。叶上有一绝句，置于巾箱，或呈于同志。及宣宗既省宫人，初下诏从百官司吏，独不许贡举人。渥后亦一任范阳，独获所退宫人。宫人睹红叶而吁叹久之，曰：'当时偶随流，不谓郎君收藏巾箧。'验其书迹无不讶焉。诗曰：'流水何太急，深宫尽日闲；殷勤谢红叶，好去到人间。'"红叶题诗，竟也为誓。据孟棨《本事诗·情感》载："南朝陈太子舍人徐德言与妻乐昌公主恐国破后两人不能相保，因破一铜镜，各执其半，约于他年正月望日卖破镜于都市，冀得相见。后陈亡，公主没入越国公杨素家。德言依期至京，见有苍头卖半镜，出其半相合。德言题诗云：'镜与人俱去，镜归人不归；无复嫦娥影，空留明月辉.'公主得诗,悲泣不食。素知之,即召德言,以公主还之,偕归江南终老。"一面破镜,也可为誓。

以爱为名,干涉所爱之人,不重相貌重经济,事与愿违;不重人品重门楣,适得其反。伉俪相得、琴瑟甚和的焦仲卿和刘兰芝,《孔雀东南飞》代为信誓;一怀愁绪、几年离索的陆游与唐婉,《钗头凤》视作恒言。

夫妇乃前缘,善缘恶缘,无缘不合。然流光抛人,菟丝成木,山盟虽在,前缘已尽,此恨无穷已。此情可待成追忆,只是当时已惘然,追忆此情,满襟泪渍;浮世荣枯总不知,且忧花阵被风吹,风过留痕,一地残红。风又飘飘,雨又潇潇,山盟虽在,誓言已背,也许爱的早不是你,而是对你付出的热情。纵如此,随姻缘,避免不了,也得忍受,莫学御状开封府的秦香莲;人世事,几完缺,飞絮恼人,乱了分寸,勿作怒沉百宝箱的杜十娘。值得之事,前提没了,便会化作不值得;可泣之情,心思变了,瞬间成为可笑人。

黄土埋怨,池水储泪,有多少怨,便有多少恨,有多少泪,便有多少负心人,古今皆然,不脱此律也。

树木寡言不寡情

溥侗,号西园,清光绪七年封镇国将军,是位典型的满族公子。好古董,传世的《平复帖》即他家的藏品。好园林,曾看中言菊朋庭院中的一株树,便与言菊朋商量,能否出让。言菊朋云:"我没打算卖树,你如果十分喜欢这棵树,我就送给你,可是你怎么挪走?要是移到你家种下去不活,那不是白饶吗?"据朱家溍《记溥西园先生》载:"当时西园先生向护国寺悦荣花厂请来一位种树人,经过与种树人研究,提出了具体办法:需要五个年头的工夫,第一年先在树的北面挖下去,切断这一面向外伸延的根,用木板插进泥土中做截断,然后仍旧把土埋起。以后每年做一面,第五年做树根下面,到第六年才可以起动,连根带泥用草席、草绳包起来,运到另一个地方种下去,可以保活。后来就是照这个办法做的。据说在言家运出的时候是拆了一段墙,到西园先生家也是拆墙进去的。这株树确实活了。"

为了一棵树不惜代价，痴也，非溥公子这样的不能为。后来，张伯驹为收藏《平复帖》散去千金，亦痴也。为移活一棵树，先后花费六年工夫，实不可想象，盖一幢楼也花不了如此长时间。

　　俗谚曰："腊月二十三，打发灶君上了天，二十四扫房子，二十五磨豆腐，二十六割块肉，二十七杀公鸡，二十八把面发，二十九蒸馒头，三十日贴挂门神包饺子。"以前不解，古人何以如此拖沓，如此不讲成本效益，一天只做一件事，何不同时交错进行？这几件事只需一两天时间，即可全盘搞定。后来才感悟到，若是只争朝夕，见缝插针，虽然还叫过年，但却省略了年里内涵文化的咀嚼，于是年只会越过越索然无趣。过年非目的，过年其实就是在过年的过程。昔时一位进京赶考的举子，跋山涉水，一路前行，其间可演绎出诸如《西厢记》《女驸马》之类的故事来。若是今天，飞机空降，从南到北，从北到南，时间节约了，劳顿免除了，但路途的景色也不可能再有领略，景色里的灵感也不可能再催生出什么锦绣文章。从我居住的城市到北京，自高铁开通后只需三个小时即可抵达，但到达目的地后，在宾馆几百元一夜的房间里，或与在家时一样闲看着电视节目，或凑到一处打着与家中一样无聊的扑克牌。曾有一年春上入川，一觉醒来，车过秦岭，满目的油菜花使人生出几许如诗的朦胧思绪来，阴天里的那个场景，意外得能让人忘却所有的疲劳。栽树如养子，须从小开始，培育的过程，时光是情感的养分,足以享受。路途也是个培育的过程,培育者亦情感。

或许在忍痛割爱的言菊朋看来,溥西园已够浮躁的了,干吗不自小培养一棵树苗呢?在溥西园看来,一棵树已活了几十甚至上百年了,何以五六年的工夫也不等?《世说新语·言语》载:"桓温北征,经金城,见年轻时所种之柳皆已十围,慨然曰:'树犹如此,人何以堪!'攀枝执条,泫然流泪。"时下,大树进城已成常态,虽又是搭棚,又是输液,但成活率还是不高,且与周边环境糅合不成一体。天不从人愿,只因人有违天意。树木寡言不寡情,寡情者人也。

严复曾表示:"以中国民品之劣,民智之卑,即有改革,害之除于甲者,将见于乙,泯于丙者,将发之于丁。为今之计,唯急从教育上着手,庶几逐渐更新乎!"孙中山答曰:"俟河之清,人寿几何?君为思想家,鄙人乃实行家也。"严复治国欲从小树栽起,而孙中山则要移大树。

少一人

　　围炉共话少一人，中年以后所添新绪；遍插茱萸少一人，老年临近所发喟叹。四十年来家国，山东兄弟，九月九日忆起；三千里地山河，故园故人，风雪夜半未归。

　　人情不变，千古常新，清代诗人何钱的《普和看梅云》确实有意趣："酒沽林外野人家，霁日当檐独树斜。小几呼朋三面坐，留将一面与梅花。"丰子恺略做小改，作漫画《小桌呼朋三面坐，留将一面与梅花》，诗画融糅，另辟意趣。清人胡薇元《岁寒居词话·珠玉词与小山词》云："晏元献公殊《珠玉词》集中《浣溪沙·春恨》，'无可奈何花落去，似曾相识燕归来'，本公七言律中腹联，一入词即成妙句，在诗中即不为工。此诗与词别，学者须于此参之，则他词亦可由此会悟矣。"此句入画，顿成妙境。"留将一面与梅花"，乃小令意境，无奈变有奈，较之唐人"想得故园今夜月，几人相忆在江楼"之黯然、宋人"人散后，一钩新月天如水"之怅然,皮实多了。

为少了的那人,摆双筷子,放个空碗,但更多时候,向隅失意,百无聊赖。花落啼鸦也罢,鸦啼落花也罢,门掩黄昏也罢,昏黄掩门也罢,近来无限伤心事,无论如何,黏黏糊糊无以摆脱,受伤总是赌约之人。徐志摩说:"夕阳西下,是我最想念的时候,对着你在的那个城市,说了一声:我想你。不知道,你是否听得到。"简媜说:"哪怕仅仅是花的朵影、叶的凋图、情的沧浪、人的聚散,这些都远远逝于不回头的光阴洪水里,我变成涯岸送行的女子,千万难。"世间何曾缺爱情,缺的是把爱情当回事的人。

忆来何事不堪?仍怜故乡水,万里送行舟;悠悠洛阳道,此会在何年。语多不复能记,只记得"保重"二字。灞桥折柳,长亭短亭,离别存念,相逢一醉。少了的那人,或许还会相逢,再续前缘,或许音讯皆无,一别永诀,故曰:"满目山河空念远,落花风雨更伤春。不如怜取眼前人。"红尘陌上,独自行走,万人如海,掩藏一身。问君何事轻离别,"千里长安名利客,轻离轻散寻常",较之大丈夫的四方之志、好男儿的修齐治平,那些凄凄然伤感少一人者,隔帘无语,无语问添衣,不过曲阑深处的小情调,似乎不值一提。

好云回头,一看肠断;蜡烛有心,替人垂泪。江水三千里,家书十五行,不是当事人心太硬,是他还年轻。然故园春未尽,人已先老衰。金农说"故人笑比庭中树,一日秋风一日疏",少的人还会越来越多,就像树上的叶子,春日萌生,郁郁葱葱,夏日茂盛,便有耐不住骄阳、经不起暴雨者先行坠落,待到冷落清秋节,凋零者比枝存者众。袭袭一风吹过,倒也公平,高处低处的,大片小片的,空空如也;乔木灌木的,藤本草本的,赤条条也。

少一人,只因心上有一人。其实,每个人心里,都有少了的那个人。

锦上添花花乱锦

锦上添花,花乱锦;雪上加霜,雪没霜。屋下架屋,床上施床,头上安头,嘴上着嘴,皆属蛇足冗举。

朗月光华,照临一切,山川草木,清凉纯洁,眼前场景,唯二三好友,客皆可人,方能够品味其韵致;只闻花香,不谈悲喜,喝茶读书,不争朝夕,二三事情,须敬守此心,敛抑其气,容不得视听之纷扰。李日华深知此理,故曰:"赏名花不宜更度曲,烹精茗不必更焚香,恐耳目口鼻互牵,不得全领其妙也。"

一日,北大诸教授闲话谭鑫培之《秦琼卖马》,胡适插话:"京剧太落伍,甩一根鞭子就算是马,用两把旗子就算是车,应该用真车真马才对!"黄侃起身悻悻然:"适之,适之,唱武松打虎怎么办?"一时为之哄堂。现代戏曲舞台之上,布景庞杂,灯光绚烂,皆非演出的有机组成,反倒旁骛了其程式化的虚拟特质、诗意美学。戏有巧拙,艺无古今,皆然。

对于狂人徐渭而言,色彩多余;对于八大山人而言,配景骈枝。逸笔草草,聊抒胸中逸气;寓意于物,切忌桎梏于形。恽格有言:"画以简贵为尚。简之入微,则洗尽尘滓,独存孤迥。"文无第一,美有多样,若以此评判,五色乱目,使目不明,工则工矣,不入品评。乍见粗头乱服,日长愈发灿烂,难掩其真也;初看锦心绣肠,既久乌鼻皂眼,花拳绣腿耳。黄宾虹云:"画有初观之令人惊叹其技能之精工,谛视之而无天趣者,为下品;初见佳,久视亦不觉其可厌,是为中品;初视不甚佳,或正不见佳,谛视而其佳处为人所不能到,且与人以不易知,此画事之重要在用笔,以为上品。"恬淡虚无,真气从之,笔精墨妙,其美内含,画如此,书亦然。徐悲鸿《〈积玉桥字〉跋》开篇即曰:"天下有简单事,而为愚人制成复杂,愈远愈失去益远者,中国书法其一端已。"

脂粉长丑,锦绣长俗,金珠长悍,诗文何不然。读书多,行文难免不斑斓锥囊,掉书袋,占典故,在所难免。此一现象,骈骊为盛,徐时栋《烟屿楼笔记》云:"古文固不易作,而四六尤不易。盖古文可以气胜,可以意胜。而四六则一句不典,非佳四六矣。"无此,淡如白水;过之,绿衣黄裳。钱锺书在给《文艺报》编辑吴泰昌的一封信中道:"掌故很不容易写,不但要亲切真实,而且要着墨无多,而能起到颊上添毫、眼中点睛的效果。"雍正帝务实而虚文,望之不似人君。年羹尧为其妹封贵妃谢天恩上折子,一家荣宠,叩头谢恩,唯有益加勉励,小心谨慎,雍正的朱批则不解风情道:"知道了。一切总仗不得。大丈夫汉,自己挣出来的,方是真体面。勉之。"其还在大臣田文镜的折子上御批道:"朕就是这样汉子!就是这样秉性!就是这样皇帝!尔等大臣若不负朕,朕再不负尔等也。"好在年羹尧、田文镜皆赳赳武夫,若是翰林文士,便煞了风景。

天工清新,诗画一律,前者无孔之笛,无弦之琴,后者以墨为形,以水为气。质朴与繁华间,简约与琐碎间,须有个度。繁华者,何妨质朴,濯清便能自洁;琐碎者,也可简约,心澄足以气定。谁曰不然。

注意身边的每一处风景

你的心情变化时,才会注意身边的风景。柏拉图早有此意:"决定一个人心情的不在于环境,而在于他的心境。"

《说苑·善说》载,楚国令尹鄂尹子皙举行舟游盛会,百官缙绅,冠盖如云。盛会上,打桨的越女暗自钟情,拥楫而歌,鄂君请人以楚语译出:"今夕何夕兮,搴洲中流。今日何日兮,得与王子同舟。蒙羞被好兮,不訾诟耻。心几烦而不绝兮,得知王子。山有木兮木有枝,心悦君兮君不知。"鄂尹子皙遂上前拥抱此女子。"山有木兮木有枝,心悦君兮君不知"的场景,在现代苏联歌曲《红莓花儿开》中也有表现:"田野小河边红莓花儿开,有一位少年真使我喜爱……少女的思恋天天在增长,我是一位姑娘怎么对他讲。"熟悉的地方,没有风景,风景不在家乡在他乡。打桨的越女,平日里哪里注意过岸山的嘉木,唯有心悦公子时,方感"山有木兮木有枝",在别人看来,这是一句赘述的废话。同样,少女思念少年时，方感"田野小河边红莓花儿开"，在别人看来，这也是一句平淡的白话。赫尔曼·黑塞说这是"因为你，我爱上了这个世界"。类似者尚有邓丽君的《爱慕》："每一天，迎着朝阳，走向那大街上。你的家，就在路旁。天天见你对我望。当我走过你身旁，心弦在震荡。你的身影，你的笑容，深印在我心上，等明天再走过你身旁，我也要对你望一望。"肖邦十九岁那年爱上了一位华沙音乐学院的女同学葛拉柯芙丝卡，但他生性羞怯，始终不敢向她表白。当他决定前往巴黎时，便当着姑娘的面弹奏了那首缠绵悱恻、悲戚凄美的《离别曲》，算是告别，音乐是音乐家的语言。这首钢琴曲，后来成了广为流传的一首名曲。无以表达很自然，亦舒《她的二三事》解释："如此情深，却难以启齿。原来你若真爱一个人，内心酸涩，反而会说不出话来，甜言蜜语，多数说给不相干的人听。"海子的"面朝大海，春暖花开"，无奇而平实，因搭配了朴素隽永的祈愿，明朗而清新；因搭配了自惭形秽的无奈，侘傺而若失。《爱慕》的"迎着朝阳"，以及下阕的"送走夕阳"亦然。

崔护《题都城南庄》云："去年今日此门中，人面桃花相映红。人面不知何处去，桃花依旧笑春风。"四句两情节，从寻春遇艳，到重寻不遇，令人怅然无限。桃花是院内的风景，也是脸上的光彩。《唐诗纪事》载此诗本事云："护举进士不第，清明独游都城南，得村居，花木丛萃。叩门久，有女子自门隙问之。对曰：'寻春独行，酒渴求饮。'女子启关,以盂水至。独倚小桃斜柯伫立,而意属殊厚。崔辞起,送至门,如不胜情而入。后绝不复至。及来岁清明,径往寻之,门庭如故,而已扃锁之。因题'去年今日此门中'诗于其左扉。"春来花开,不期而会,风去花谢,无言以对,来而不迎,去而不留,鸟飞无迹,鱼过无痕。记述到此为止,余下的空白,足以演绎出许多美妙的结局。然事实是相忘于江湖,时有淡然的怀想,到最后,念而无念,草色遥看近却无,连自己也怀疑此事曾有发生。王铚的《宿华岳观再题》似乎可续前事:"石坛流水共苍苔,青竹林间一径开。可惜梨花飞已尽,前年游客始重来。"美人如画,不如不遇,话又说回来,不遇便没有了这首绝佳的好诗。董桥《我的旧作》记述二十世纪六十年代在新加坡结识的俞老师:"七十年代我去了几趟新加坡,每一趟都去看望俞老师。退了休他和俞太太都苍老了许多,老说身体多病,精神不济,想写点文章都没法写了。八十年代我再去,玫瑰园俞家应门的是一对日本夫妇……"与崔护不同的是,董桥寻访不值,相同的是,一样失意。

情诗里的风景,极易流露心境。"诗三百"里的《关雎》云:"关关雎鸠,在河之洲。窈窕淑女,君子好逑。"《蒹葭》云:"蒹葭苍苍,白露为霜。所谓伊人,在水一方。"李商隐的《无题》云:"昨夜星辰昨夜风,画楼西畔桂堂东。身无彩凤双飞翼,心有灵犀一点通。"《锦瑟》云:"沧海月明珠有泪,蓝田日暖玉生烟。此情可待成追忆,只是当时已惘然。"李煜的《相见欢》云:"无言独上西楼,月如钩。寂寞梧桐深院锁清秋。"《浪淘沙》云:"帘外雨潺潺,春意阑珊。罗衾不耐五更寒。梦里不知身是客,一晌贪欢。"柳永的《凤栖梧》:"伫倚危楼风细细。望极春愁,黯黯生天际。草色烟光残照里。无言谁会凭阑意。"《雨霖铃》云:"寒蝉凄切。对长亭晚,骤雨初歇。都门帐饮无绪,留恋处、兰舟催发。"纳兰性德的《蝶恋花》云:"今古河山无定据。画角声中,牧马频来去。满目荒凉谁可语?西风吹老丹枫树。"《于中好》云:"独背残阳上小楼,谁家玉笛韵偏幽。一行白雁遥天暮,几点黄花满地秋。"

田汉1937年为电影《夜半歌声》作主题曲云:"空庭飞着流萤,高台走着狸鼪,人儿伴着孤灯,梆儿敲着三更,风凄凄,雨淋淋,花乱落,叶飘零。在这漫漫的黑夜里,谁同我等待着天明?……啊,姑娘,只有你的眼能看破我的生平,只有你的心能理解我的衷情。"同为情诗,不比古人,太过直白。

吴越王钱镠之戴妃,每岁必归临安娘家住一段时日。某年,戴妃又省亲,钱镠见西湖堤岸已是桃红柳绿、万紫千红,遂书遗"陌上花开,可缓缓归矣",提醒其归来。此一句,平实温馨,情愫尤重,后世文人模仿者众,无以过之。苏东坡仿之,不厌其烦,"陌上花开蝴蝶飞,江山犹似昔人非""陌上山花无数开,路人争看翠辇来""生前富贵草头露,身后风流陌上花""荆王梦罢已春归,陌上花随暮雨飞""不见当时翠辇女,今朝陌上又花开""云母蛮笺作信来,佳人陌上看花回",皆湮没不传,无切身感受矣。此番诗句哪堪比他的"十年生死两茫茫"深挚:"小轩窗,正梳妆。相顾无言,唯有泪千行,料得年年肠断处,明月夜,短松冈。"明月夜,李白可以花间一壶酒,苏轼今夜却无此心,落花深一尺,不用带蒲团,短松冈是其葬妻的伤心地。阡陌红尘,终究一场繁花落寞。陌上花开时,沈复与芸娘郊游,"是时风和日丽,遍地黄金,青衫红袖,越阡度陌,蝶蜂乱飞,令人不饮自醉"。未几,芸娘殁,沈复以《闲情记趣》录之,读之断肠,哪里有"趣"。

注意身边的每一处风景,就是注意身边的每一个善念。

那种让人惆怅的美

有一种美,总让人惆怅。

比如树里闻歌之蓦然、叶底见樱之不虞、白驹过隙之仓促、拈花微笑之任情,那些诗文所得,偶忆之,每每咀嚼再三,念念有词,现实中却探之无痕,觅之不获,于是疑古人欺我,或我心不诚,不觉又是一阵怅然。比如春日拂面的杨柳风、夏日黄昏的火烧云、秋日天旷的南飞雁,冬日清晨推门出院时满目的净雪,以及雪地上的雀印。那些孩童时代的片段记忆,偶有存心,或已成为隐匿于柜底的敝帚自珍。虽然在别人看来那只是一件褪了色的估衣,或已成为窖藏于岁月的意绪、蛰伏于约期的踌躇,只要一杯薄酒,就能钩帐般开启千古的情怀,只要一个轻吹,就能狂风般抖落满树的冰挂。片刻静谧,稍许凝目后,又是莫名无限的孤独,又是不知所踪的惆怅。"又见炊烟升起,暮色罩大地,想问阵阵炊烟,你要去哪里……"

驻足于倪云林的山水前,恽南田慨叹之余,顿生一种说不清道不明且挥之不去的惆怅,遂以"寂寞无可奈何之境"喻之。如今唱遍国门内外,已然成为中国音乐符号的江南民歌《茉莉花》,曲调委婉和缓,氤氲飘渺,闻之,每每让人柔肠百转,黯然神伤,原来其曲调源于大慈大悲的五台山佛乐《八段锦》。僧徒们以音乐的形式赞美这种随天竺僧侣一同传入中土的白色花朵,暗香浮动、若隐若现的茉莉便有了一番不苟的寓意逸韵和脱尘的弦外妙音。叠山理水出的园林,用漏窗、回廊隔断成的一个个生命单元,使追求自由王国、旷远意境的无疆界思想,在赏得襟带环映、参差错落美景的片刻,还是感到了些许迟疑优柔,依违不决。温润内敛的瓷器,或清澈如天青,或浓艳如五彩,绰约有致、仪态万方之间,还是让人不时揣测玉壶中的冰心是哪"一片"。

寂寞之境,高蹈而恬淡,雍娴而哀艳。苍茫浩渺、寥廓无垠的时空之中,任何事情、任何人物皆易碎,皆渺小,尤其那些美好的东西,更是须臾即逝,刹那即失。王羲之的书法作品在唐时尚存千余件,宋时只剩百余幅了,如今早已寥若晨星,凤毛麟角了。王维的雪景图仅《宣和画谱》便著录有二十六幅,今只剩三幅摹品了。纵使刻石昭显,顽石也经不住风雨的漫漶;纵使刻木印帖,残帖也已然成为稀世之珍。石木如此,况且是缣纸,又况是容颜。有形者如此,无形者亦然。杨柳风年年徐来,风中的物也非,人也非,火烧云时现,观者的心情时也迁,序也迁。"子在川上曰:逝者如斯夫,不舍昼夜。"

梦是无形者的只能存在,也是有形者的当然存在。生命、字画、建筑、山川、宇宙都是短暂局促的,看你相对于谁。相比之下,作为形而上的美,就更俄顷有间了,不管它相对于谁。那些离情诗、惜春词、怀古文、思乡赋,极易传布,极易播扬,只因为驰心旁骛地回归了生命的本然,有意无意地揭示、宣明了自然界的这一普遍规律和匀净法则。有情境域对无情定理,世态大体对天地公例,多情总被无情恼,难怪生出许多的惆怅。米芾写于南唐澄心堂纸上的大字手卷《研山铭》于2003年6月在拍卖场中初次露面,便引来万人争睹的纷纭场面,而描形于卷首的研山,连同他曾拜过的诸多奇石已失迹有年,这里,纸的寿数竟比石长久,想必他衡量观赏美石的"瘦皱漏透"标准,比这卷纸本更能长久。如此结果,不知痴痴癫癫的南宫先生冥想过没有,惆怅过没有。

"昔我往矣,杨柳依依;今我来思,雨雪霏霏。"美之极,也惆怅之极,因美而惆怅,也因惆怅增美。

跑调的琴师与固定的乐谱

西洋乐歌手唱歌、琴师弹琴时，都离不开乐谱，乐间翻谱，是件很自然的事。而中国歌手咏歌、琴师操琴时，一般都不看乐谱，看了便没面子，还被认为是不熟悉曲调。西洋乐多由作曲家独立完成，巴赫、海顿、莫扎特、贝多芬，《马太受难曲》《伦敦交响曲》《费加罗的婚礼》《第九交响曲》，都可一一对应。而国乐多不知出处，来路无考，阮籍、嵇康、唐明皇、姜白石与《酒狂》《广陵散》《霓裳羽衣曲》《越九歌》，今天仅存名牌了，曲谱早已佚失。此佚失不是谁将之猝亡终结的，而是在流传的当间渐渐跑调成了其他曲目，或悲而喜，或喜而悲，与原曲已是南辕北辙，南阮北阮。一首曲调，每位乐手都有自己的理解，在引商刻羽的演奏中抒发情感，于品竹弹丝的击节里宣泄情绪。情感不同，情绪有异，师传授受，口耳相传，于是便有了在传播中失传、在继承中不继现象的发生。而西洋乐依曲引腔,曼声长歌,依谱转调,胡部新声,弥撒曲、安魂曲还是当年装扮,咏叹调、宣叙调不外先前阐发,所以昨日之舒伯特也是今日之舒伯特,今日之柏辽兹还是明日之柏辽兹。

国乐似乎始终处在进化中,而西乐则在凝固静止中,国乐的进化由于其注重情感,西乐的静止在于其刻意技巧。儒释道的此消彼长,由宫廷到文人到民间的时随境迁,必然导致曲中寓意与情感的改弦易辙、移宫换羽。浔阳江头的琵琶与别处的琵琶,夜半寒山寺的钟声与别处的钟声,显然是不一样的。在文化的大背景下,音乐已不仅仅是五音,还可能是五色、五味、五内、五行,甚至是五德、五伦、五经、五岳。你能说如今哪一首民歌曲调,不是源自"诗三百"中佚失的哪一首,梵乐中的哪一首与宋词里的哪一首不是同宗?而西乐的静止由于其注重技巧,技巧一门往往使心思囿于器物,专注技艺。这又让人想起清初画坛"四王"与"四僧"对峙的情形。

"四王"之循规蹈矩、安分守己与"四僧"之随心所欲、放浪不羁形成了鲜明对比。"四王"属重技艺、守章法一族,"四僧"为逆时尚、反潮流的另一类,两相比较,很难让人评判出孰优孰劣,孰积极孰消极。重技艺的"四王"重任在肩,将院体派大法传承下来,"四僧"标新立异,独辟蹊径,为国画变革起到了推波助澜、激发助长的作用。

一个容忍跑调,克制变化的民族自然是一个极具宽容的民族，一个恪守固定，约束成规的群体必定是一个格外笃信的群体。跑调不全由于散漫，变化不全由于怀疑，同样，固定不都因为刻板，成规不都因为执拗。固定、成规更须宽容包涵，宽宥谅察，跑调、变化还得自持抑止，自制收敛。社会的变革与艺术的状态没有必然的关联，却有深层的衔接，没有意中的交通，却有方内的纠缠。对各种艺术现象的不同态度，反映了整个社会的修养程度、器宇识量，因为修养之高低、器宇之优劣，还要取决于这种艺术形式为它反哺的奶水是否充足丰沛。滋润灵魂、启迪睿智、培育良知、探索陌生者，根本之处，源头所在，还在艺术。

珊珊可爱影

诗家好以影喻事,故留诗无数,常上口者有"疏影横斜水清浅,暗香浮动月黄昏""拂墙花影动,疑是玉人来"等等。画家黄宾虹感悟夜山,留下了"我从何处得粉本,雨淋墙头月移壁"的意趣,但较之下面的"影子",终归浓重了些,艳俗了些。

柳宗元《小石潭记》:"潭中鱼可百许头,皆若空游无所依。日光下澈,影布石上,怡然不动;俶尔远逝,往来翕忽,似与游者相乐。"由情入景,由景及情,暂忘贬谪,无畏遭遇,皆在此或静或动、若隐若现的怡然影动中。

元丰六年十月十二日夜,苏东坡解衣欲睡,见月色入户,欣然起行,遂至承天寺寻张怀民。怀民亦未寝,相与步于中庭。见"庭下如积水空明,水中藻荇交横,盖竹柏影也"。"积水空明",空明得似乎看到了横斜交错的水草,哪里是藻荇,分明是月光照出的竹柏之影。这《记承天寺夜游》里的月夜美影，勾起过后人多少遐想无限。

而归有光《项脊轩志》中的"三五之夜，明月半墙，桂影斑驳，风移影动，珊珊可爱"句，为"尘泥渗漉，雨泽下注，每移案，顾视无可置"的百年老屋略添了些苦中乐子，这便是读书人的情怀了。

郑板桥对影子则有另一番情怀："风和日暖，冻蝇触窗纸上，冬冬作小鼓声。于时一片竹影凌乱，岂非天然图画乎？凡吾作画，无所师承，多得于纸窗、粉壁、日光、月影中耳。"前人关于窗影的诗句不少，"梅影横窗瘦""西风瘦尽梧桐叶，添得西窗月影多""寻常一样窗前月，才有梅花便不同""乱影翻窗，碎声敲砌，愁人多少"，但都没有郑句自在本真。两相作比，郑板桥不光是大画家，还是大文人。纳兰词《点绛唇》"素壁斜辉，竹影横窗扫"，也此情景。另一首《眼儿媚·咏梅》则说："可怜遥夜，冷烟和月，疏影横窗。"《临江仙·孤雁》云："无端嘹唳一声传，西风吹只影，刚是早秋天。"实则只有身而无影。胡适的新诗"山风吹乱了窗纸上的松痕，吹不散我心头的人影"，倒是有身有影。江南女诗人汪玉轸有"且推窗看中庭月，影过东墙第几砖"句，也好。

1959年，六十八岁的胡适在为《中国语文》月刊题字时，写下了三十多年前的旧诗句："山风吹乱了窗纸上的松痕，吹不散我心头的人影。"据揣此诗是怀念情人曹珮声的。人影是心窗上摇曳的松痕，所有的影子似乎都是。

神情变

由于照片的存在，记忆得以证实，变化得以参照。整理什物，翻出十年前的照片，相貌变化的确大，而神情变化更是大。

相貌的变化可数，头发稀疏了，脸线耷拉了，而神情的变化，不可叙。站在树枝上的鸟，从不惧怕断枝，因其有自信的翅膀。面前有千里，背后无一寸。风华正茂的另一解释，是不顾一切；血气方刚的另一解释，是不计得失。说走就走的旅行，骑行青藏的勇气，此非冲动，乃自信。"木叶去故枝，游子将远离。故人与昆弟，送我江之湄。执手一为别，惨怆不能辞。从兹万里役，况复十年归！金风正萧瑟，别泪沾客衣。丈夫宜壮别，而我独何为？"这首《去国行》，出自即将赴美留学的少年胡适之手，真有些不可思议。不惧远行，不虑岁月，青春的自信与生俱来，自励不得，无以名状，此即神情。"笑得甜的女人，将来运气都不会太坏。"古龙此话之妙玄,在"将来"二字。

奈保尔《河湾》云:"我隐约感到人活着就是为了变老,为了完成生命的跨度,获取人生阅历。人活着是为了获取人生阅历,而阅历在本质上是无形的。"阅历渐变神情于无形,酸甜苦辣自己尝,喜怒哀乐自己扛,对于普通人,此即阅历。随年龄而改变者,阅历;随阅历而改变者,年龄;所有变化,最终归变于神情。

旅客皆过客,异乡人多旁观者,无须承担一地的四季。春风如酒,夏风如茗,秋风如烟,冬风如姜芥,唯留鸟可察觉其不同。但为土著,点点不离杨柳外,声声只在芭蕉里,风景哪有生计重要,唯恐精明不至,行事常思后路,得失顿使自信大打折扣。时光堆积,日子还需一日一日拆解,当自信消散,便只能与不自信伴随。

纷纷的岁月已过往,今年人较去年老,青春易失,得到过,比从未得到更伤人。遂想起了朱自清《匆匆》里的句子:"燕子去了,有再来的时候;杨柳枯了,有再青的时候;桃花谢了,有再开的时候。但是,聪明的你告诉我,我们的日子为什么一去不复返呢?"

雨疏风骤,云水三千,时间交换了年龄,沉默掩盖着苍凉。大道归一,有求皆苦,挥霍光阴者,欲望也,占据精神者,烦恼也。"杨家兵,杨家将,个个都能打胜仗",只有评书里敢如此断言。平淡非平庸,顺其自然,消极面对;沉默非冷漠,努力之后,接受挫折。

老照片上的人,虽说是你,却生活在别处,穿着记忆中的那件衣衫,有着曾经有过的神情。萧红《呼兰河传》结尾写道:"呼兰河这小城里,以前住着我的祖父,现在埋着我的祖父。"照片里的你,埋在了世故里,天涯两端,各自珍重即是。

歧路取舍

此事不成,尚有另一事可待,反过来说,此事成,另一事或不成。

想得太多,变得消极,其实一切都在不知不觉、自然而然中。根遇石躲避,总能扎入土中;梢被削剪,总能春来怒抽条。在哪里存在,便在哪里绽放。是金子在哪都会发光,此话俗,却在理。英伦才子阿兰·德波顿自称在大学时代只追求爱情与创作两样,爱情的不成功,促使创作的成功。荣格有话反证之:"当爱支配一切时,权力就不存在了;当权力主宰一切时,爱就消失了。两者互为对方的影子。"

时间从不重复,一个果子只能成熟一回;生命无须喧哗,一个生命只能存在一次。其间,上苍只让你做成一件事,成为一方面的专家,并以此为生。人之一生,所居不过一室,所食不过一饱,所服不过一暖,所成不过一项,所谓集大成者,后人附会。

金庸假设："如果这十年中，一种是让我坐牢，但给我书读，另一种是我有自由，但不让我读书，我选择第一种：在牢中读书。"选择如此为难，要么这样，要么那样，要么毁灭，要么生存，第三种可能是否存在？许世英平生不吸烟，不喝酒，某日与王宠惠闲谈，王指着手中雪茄说，自己吸了一辈子的烟，这点星星之火，烧掉了好几栋房子、几部汽车，许接口道："我从未吸烟，至今仍无房无车。"说罢，二人拊掌大笑。"如果女人肯用吃饭的钱打扮自己，那么肯定有人愿意请她吃饭；如果男人肯用睡觉的时间搞事业，那么肯定有人愿意陪他睡觉。"莫言的话在此似乎也不成立，阿兰·德波顿的话又可反证之。

选择无优劣，取舍有得失。青春时选择爱情，中年后取舍事业。青春荒唐，爱情受伤，婚姻的代价，不在惧内恐夫，在于谁放弃了自己原有的路。选择的非他性，婚姻最为典型，约定其一，排斥其他。拥有与失去，无关美好，唯有功利。曾经的海枯石烂，终究不过一句好聚好散；曾经的缠绵悱恻，终究不过一场毅然决然。步骤不是选择，是目标的递进。不作死，不会死，"梦见瘦的诗人将眼泪洒在她最末的花瓣上"，终究出于尘土，归于尘土。

此处平淡，他处或有精彩，纵使一个浅窝的微笑；此处暗淡，他处或有明亮，纵使一豆暗淡的灯盏。事忌全美，人忌全盛，风光过去，必有失意。有所谓的背后，定是无所谓；盖世功劳的背后，或有弥天罪恶。在喜欢的人那里，热爱生活；在不喜欢的人那里，看清世界。

得意时，找个继续的理由；逆境时，回忆曾经的梦想。堵车时，驻足观景；行驶时，注视前方。世间哪有中不偏、庸不易之路，哪有止息妄念、心专意凝之人？所有选择，皆行进途中的歧路取舍，无论哪一条，走到最后，如低血糖病人望着前方的饭店，一双铅腿无力拖行。

气质是气氛中的气场

气者,在天为云,在地为水;氛者,无墨而画,无弦而琴。气氛影响人,谁影响气氛?仍是人,有气场之人。昔时鼓动者演讲,未有麦克风之类的辅助,全凭一副好喉咙,然声如巨钟,叱咤叫喊,再好的嗓门,也压不过众人的不耐烦,压不过现实社会的大众情感。时而寂寂人定,鸦雀无声,时而群情激奋,排山倒海,靠的是思辨,入情入理,入筋入骨,靠的是气场,疾徐轻重,吞吐抑扬,领袖由此产生。说书人以听众为食源,政治家以民众为驿马,靠的不光是一张嘴。

毕竟广场演说非常态,多数时候为小场合。于喧嚣场地进餐,老树鸦声入耳骚,交谈的分贝越来越高,突然一个微音响起,快闪歌唱者的婉转,清新拂过聒噪,安静冷却鼎沸。如樵歌一曲,众山皆响,似松云满目,万壑争流,谛听者为之动容。

君子之言寡而实，小人之言多而虚。寡言者，调身调心，不动声色。朱自清评述叶圣陶："我看出圣陶始终是个寡言的人。大家聚谈的时候，他总是坐在那里听着。"1943年12月，成都文艺界为五十岁的叶圣陶举办祝寿会，会上寿主自谦"很平庸"："朋友们的文字里，都说起我的文字跟为人；这两点，我自己知道得清楚，都平庸。为人是根基，平庸的人当然写不出不平庸的文字。"川端康成性近道家，避世以免刑，三岛由纪夫曾写道："川端给初次见面的人印象不好是有名的。默不作声，被盯着看，胆小的人会一个劲儿擦冷汗。"寡言之外，也自谦，其五旬而悟禅："我渐渐懂得对事物不甚明了，本身就是一种幸福。"

好书悟后三更月，良友来时四座春，气场在那里，无论寡言与否，自谦与否。处无为之事，一座山立在那里，肃穆的气场，斩然千仞，岿然巍峨；行不言之教，一个人坐在那里，静谧的气场，平和守度，谦和执节。争先恐后，逢人就教，非气场；无为之益，不言之教，方为气场。身上干净，走路板正，下夜掌印，分粮把秤，此为山西民间所说公道人之气场。

独处者也有气氛。剑胆琴心，侠骨柔情，其氛在情；俯仰可观，几分玉容，其氛在容。生死疲劳，从贪欲起，忍欲无为，身心自在，事能知足心常惬，人到无求品自高，其氛在无欲。生不逢时，笑傲江湖何妨；有志无时，做个逸人何妨。谦和者的举止，非磕头捣蒜，奴颜婢膝，乃不卑不亢，有礼有节；独处者的气质，非离群索居，顾影自怜，乃独立思想，自由精神。

　　心态决定生态，生态反映心态；气质决定气氛，气氛反映气质。气质者何？非誉非善，而有滋有味，不温不火，却有情有义，无名分而有声望，无冠冕而有威严。气质者何？无色而具丹青之彩，无声而具音乐之谐，书法也；有形却乏盛放之器，有题却乏答案之准，气质也。

山　边

山左不见山，山右就在山里。山右人家，开门见山，家山北望，依旧是山，眼前若失山，烟雾缭绕耳。黄土高原上的一些山，实则塬，没有峰峦的焦点，也找不到突兀的山脚。这与峻峭之山显然有别。嶙峋之山，径直过去，即为山脚；阜丘之山，端走跟前，无迹山麓。血压高，不敢问昆仑，年轻人说不要走云川线，走青海路，后者渐行渐高，生理似无反应，然终究没有鼓足勇气。

渐变者，如阜坡；突变者，如嶙峋。人生苦短，耐不住渐变的漫长，突变是陡然升起的叠嶂，路开一线，意外见闻。上面设个亭子，听松涛四面来，便在琼楼玉宇中，解释春风，无限之恨。路折处，远眺古刹，疏钟隐隐，浮屠风树，遥岚袅袅。禅祖云游，比丘打盹，林下相逢，不问因果。

人的年龄随岁月渐长，人的心智由变故顿熟。光阴不经停,青春不听劝,谁都有过瞎折腾的反复,有过碰墙头的走神,折腾够了,碰墙疼了,才发现兜了一圈,回到的虽是原地,已不是过去。人之所以充满幸福,不是由于现实适宜,而是因为存在期待,不入时趋,谓之逸格。正如纪德所言:"你在无穷无尽的漂泊中,不再寻找目的地,总是走向新的境界,要见识更美、更新奇的事物,寻求更大的快乐:'下一片绿洲更美',永远是下一个。你的理想和栖息地之间,隔着你的整整一生。"醒时明月,醉后秋风,不要与我相随,你已失却方向。

渐变也罢,突变也罢,心事重重者,有负木兰沾露,瑶草临波;碌碌终日者,有负气夺山川,色结烟霞。唯有随遇而安者,相看两不厌。黄宾虹说:"写生只能得山川之骨,欲得山川之气,还得闭目沉思,非领略其精神不可。"四处皆山者,未必领略山之精神。山的永恒有时是哲学,随人附会;山的无限有时是历史,后人诠释。此中真意,欲辨忘言,山就是一道自山根耸立的崇高象征。

怀古

空匣子

　　文人画的意义,只在于表达内心,至于表象,乃意念的载体,至于风景,乃风情的寓意。石涛《画语录》云:"古之人寄兴于笔墨,假道于山川。不化而应化,无为而有为。身不炫而名立,因有蒙养之功、生活之操,载之寰宇,已受山川之质也。"文学何不然,美国诗人简·赫斯菲尔德说:"如果我不能更多地理解做人的意义,我在诗歌上也不会有太多作为。"史铁生也说:"写作是要解决自己的问题。开始写作时往往带有模仿的意思,等你写到一定程度了,你就是在解决自己的问题。"既是文人画,便有业余的属性。而对于业余作家,尽可在职业作家面前昂起头来,偶尔为之,有感而发,虽说拙朴,本真而真。写了画了,把所要表达的心情表达了,便也释然了。

　　"一种风流吾最爱,南朝人物晚唐诗",乃日人大沼枕山的汉诗,为永井荷风所引录,周作人所激赏。六朝人物,超越功利,不为物累,此种做人态度为后世所仰慕。李白在《襄阳歌》里说"清风朗月不用一钱买",此也六朝式的洒脱。在手或在眼的一切,岂能长久拥有,只是短暂经历。故也就无所谓失败,无所谓励志了。米兰·昆德拉《不能承受的生命之轻》便说:"只要有一点风吹草动,一丁点儿的东西,我们就会落到边界的另一端,在那里,没有什么东西是有意义的:爱情、信念、信仰、历史等。人的生命的所有的秘密就在于,一切都发生在离这条边界非常之近甚至有直接接触的地方。"

徐渭说画家:"养就孤标人不识,独立书斋啸晚风。"尼采说哲人:"更高级的哲人独处着,这并不是因为他想孤独,而是因为在他的周围找不到他的同类。"卡玛《人生是一场独自的修行》所指,则为普通人:"人生是一场与任何人无关的独自的修行,这是一条悲欣交集的道路,路的尽头一定有礼物,就看你配不配得到。"所谓礼物,谁也不知道是什么,因为还未到路的尽头,或许是一个空匣子,或许里面只有一张纸条,上面写着一句只针对你的箴言。钱锺书《写在人生边上》说:"洗一个澡,看一朵花,吃一顿饭,假使你觉得快活,并非全因为澡洗得干净,花开得好,或者菜合你口味,主要因为你心上没有挂碍。"自心不净,则外物随之,空匣子或许就是钱先生的"心上没有挂碍"。

那些文化的纪年

风云入世多,日月掷人急。甲申之变、辛酉政变、甲午战争、戊戌变法、庚子拳变、辛亥革命,这些纪年因与政治事件维系而载入史册,或恸哉恻哉,或悔哉惜哉,千古议论,殷鉴不远。有些素常纪年,虽并未发生过剑拔弩张、惊心动魄一幕,却因奇文崛诗而不胫无翼,口诵纸传。

"黄初三年,余朝京师,还济洛川",乃曹植《洛神赋》之开端;"永和九年,岁在癸丑",乃王羲之《兰亭集序》之篇头;"晋太元中,武陵人捕鱼为业",乃陶渊明《桃花源记》之开章;"岁惟丁卯,律中无射",乃陶渊明《自祭文》之卷首;"庆历四年春,滕子京谪守巴陵郡",乃范仲淹《岳阳楼记》之开篇;"壬戌之秋,七月既望",乃苏东坡《前赤壁赋》之开卷。岁月如梭,四季更迭,驹光如驶,朝朝暮暮,时序于平淡之时多,风波之序少;正规之时多,乖谬之序少。辰光于等闲之辰多,高眄之光少;便当之辰多,阔步之光少。寻常岁月，若不与这些精湛不堪、镂月裁云的名篇联缀，无论如何也不会在记忆中刻画印象的。江山也要文人捧，堤柳而今尚姓苏，莫非纪年亦然？

《己亥杂诗》乃龚自珍一诗集，己亥为道光十九年，这一年国家无祀戎大事，只是痼疾成疴越深，每况愈下又下，而对于龚定庵则极为不凡。因屡陈时弊而数遭排挤，因触动时忌而频受打击，虽如此，仍胪举时事，直陈无隐，讥切时政，诋排专制。是年，又忤长官而不得稍缓，决计辞官离京，南归故里，后又北上接还眷属，两返京杭。凄风连时，苦雨成霖，途中触景生情，寓托胸臆，遂纵横议论，引古喻今，成诗三百首。仗剑报国无门，志士孤愤难平，国衰忧愤，天命秋肃，尽在其间也。

文人诗赋里的这些纪年，非转捩历史进程之枢轴，非改变事态走向之肯綮，更与波澜壮阔、轰轰烈烈无涉，与天翻地覆、排山倒海无关，留给人的纯是一种文化的惦念与追怀。一朝一代，或弱或强，石麟埋没藏春草，铜雀荒凉对暮云，元嘉草草，匈奴远遁，茫茫野草秋山外，丰碑是处成荒冢，俱往矣；长安洛邑，崤函帝宅，春风举国裁宫锦，半作障泥半作帆，汴梁临安，樊楼瓦子，繁华往事邗沟外，风起杨花无那愁，烟云耳。依存者，皆成文化韶华记忆者也。大汉雄威，苏武杖节牧羊，风骨焉；盛唐繁华，李白斗酒百篇，气象也。

永和庆历，癸丑壬戌，这些年口，江山社稷依旧，国运民瘼忽略,后人似乎只记住了那场兰亭修禊、流觞曲水的雅集,那次赤壁泛舟、苏子问客的夜游。

当诗文成为历史记忆时,也就成了文化符号。

闻歌而悲

　　肌肉有记忆,沈尹默晚年在上海鬻书自给,近视1700度,对面不能见人,却能写出蛛丝精楷。所写七八尺大的直幅,近一寸大小的行书,每行直下竟无一丝歪斜之处,且行气均匀,这哪里是靠视力。嗅觉有记忆,每当闻到牛圈的气味,我便想起幼时在姥姥家村子里躲武斗时的情形。味觉有记忆。吃着母亲以几十年不变的厨艺做出的饭菜,仿佛兄弟姐妹们都还在父母左右围绕。听觉也有记忆,听到邓丽君的歌曲,即想起自己中学时代穿过农田的那个校园。

　　歌曲是岁月的录音档案,听老歌者的思绪,总不在老歌本身,往往凝重,甚至伤感。沧桑是额头上的皱纹,也是唱片上的划痕。郎士元的《听邻家吹笙》:"凤吹声如隔彩霞,不知墙外是谁家。重门深锁无寻处,疑有碧桃千树花。"重门深锁的邻家吹笙人是谁?碧桃千树花,去年此门中,一年轻女子也。白居易的《琵琶行》中,那位浔阳江头的老大商人妇,衰容凋谢,旧业伶俜,命运捉弄人矣。美人迟暮,名士穷途,同是天涯沦落人,从来沦落不遇佳人;霜叶经风,纷纷落下,相逢何必曾相识,自古文章难逢知己。人生聚散,信如浮云,二诗皆忆作,所忆皆昔时岁月一缕抹不去的微忱。

龚炜《巢林笔谈》云:"予于声歌无所谙,独喜笛音寥亮,每当抑郁无聊,趣起一弄,往往多悲感之声,泪与俱垂,审音者知其为恨人矣。今夜风和月莹,阑干静倚,意亦甚适,为吹古诗一二首,皆和平之词,而其声仍不免于呜咽,何也?"悲似乐,送丧之家奏鼓乐;乐似悲,嫁女之家日日啼。声曲中的乐与悲,隔断全在心限,少年间是快乐,中年后为孤独,老年时则悲楚,且越欢畅,就越凄迷。谢灵运言"天下良辰、美景、赏心、乐事,四者难并",岂止难并,简直相悖。楚歌于平时,春风开颜;于垓下,断肠销魂。蜀乐在成都,凫趋雀跃;在洛阳,感伤堕泪。

龚炜《巢林笔谈》又云:"秋来,病与贫俱,夜坐小斋,郁结不解,忽琴声自内出,不觉跃起,妇能忘境,我乃为境滞耶?因取琵琶酌两三弹,作黄连树下唱酬,其声泠泠,终不能啴以缓,发以散也。"此中至味,与《琵琶行》尽同,在惆怅时寻踌躇,在局促中观自在,适得其反,自找烦恼,抽刀断水水更流,借酒消愁愁更愁。越是兵临城下,战火纷飞,越是醉生梦死,歌舞升平。国之将亡,必有妖孽。陆游《花间集跋》云:"《花间集》皆唐五代时人作。方斯时,天下岌岌,生民救死不暇,士大夫乃流宕至此,可叹也哉！或者亦出于无聊故耶？"来日无多，及时行乐，此即末世心理。

台上急管繁弦，歌舞交替，你方唱罢我登场，反认他乡是故乡。台下总有局外之人，茕茕孑立，索然寂寥，宜听不宜思，不由自主思，江州司马，泣下最多。马内利修女为此分析道："当感官和想象力愈是感到欢乐所带来的欢欣畅快时，它的快速消退也愈容易让人尝到苦涩滋味。欢乐之后带给人的是一个大坑洞，一个欢乐永远无法填满的空虚。"谁曰不然？然心有玄机，何以空虚？忘无可忘，空虚者何？

喧嚣游

居城市有儒者之风,入山林有隐逸之象,城市山林之间,士人临路迟回,颇费踌躇。出城郭踱步山水间,可暂慰孤持,温存伶仃,一半烟遮,一半云埋,那都是心思。寄情山水,本欲求得安宁,松影参差,禽声环绕,焚香默坐,消遣世虑,实则大为不然。到处溪山如旧识,此间风物属骚人,也不尽然。文人斯举,百吏从之,千民附之,附庸风雅者也。囿于交通,昔时所游,多城际郊野,而周边名胜,也遍身锦绣、盈头金宝之市民出游热门。

北京之高梁桥一。袁宏道《游高梁桥记》载:"当春盛时,城中士女云集,缙绅士大夫非甚不暇,未有不一至其地者也。"袁中道《西山十记》又载:"每至盛夏之月,芙蓉十里如锦,香风芬馥,士女骈阗,临流泛滥,最为盛处矣。"

南京之秦淮河一。王士性《广志绎》载:"夏水初阔,苏常游山船百十只,至中流,箫鼓士女阗骈,阁上舟中者,彼此更相觑为景。"几百年后,朱自清、俞平伯的《桨声灯影里的秦淮河》中,仍是"那时河里热闹极了。船大半泊着,小半在水上穿梭似的来往""谁都是这样急忙忙的打着桨,谁都是这样向灯影的密流里冲着撞"的描述。

苏州之虎丘一。黄省曾《吴风录》载:"至今吴中士夫画船游泛,携妓登山,虎丘尤甚,虽风雨无寂寥之日。"李流芳《游虎丘小记》载:"虎丘,中秋游者尤盛。士女倾城而往,笙歌笑语,填山沸林,终夜不绝。遂使丘壑化为酒场,秽杂可恨。"

杭州之西湖一。张岱《西湖七月半》载:"西湖七月半,一无可看,止可看看七月半之人。看七月半之人,以五类看之。其一,楼船箫鼓,峨冠盛筵,灯火优傒,声光相乱,名为看月而实不见月者,看之;其一,亦船亦楼,名娃闺秀,携及童娈,笑啼杂之,环坐露台,左右盼望,身在月下而实不看月者,看之;其一,亦船亦声歌,名妓闲僧,浅斟低唱,弱管轻丝,竹肉相发,亦在月下,亦看月而欲人看其看月者,看之;其一,不舟不车,不衫不帻,酒醉饭饱,呼群三五,跻入人丛,昭庆、断桥,叫呼嘈杂,装假醉,唱无腔曲,月亦看,看月者亦看,不看月者亦看,而实无一看者,看之;其一,小船轻幌,净几暖炉,茶铛旋煮,素瓷静递,好友佳人,邀月同坐,或匿影树下,或逃嚣里湖,看月而人不见其看月之态,亦不作意看月者,看之。"世无花月美人,不愿生此世界。郁达夫西湖边观察,每隔五分钟,便可见"缁衣秃顶的佛门子弟,漫然阔步在许多摩登士女的中间"。

承平日久,难免民佚志淫。张岱《陶庵梦忆》描述清明上坟情形:"越俗扫墓,男女袨服靓妆,画船箫鼓,如杭州人游湖,厚人薄鬼,率以为常。"时和气润,草长莺飞,此探春之乐也。愿君不负春月,适时踏青出游,踏青游之外,尚有庙会游。人如蝶,蝶恋花,此间红男绿女,趾错同途,交往多不受限,进香之外,看戏购物皆杂陈一处,太原晋祠庙会便有佻达少年"挤姑娘"的轻薄之俗。为此,乡绅刘大鹏《退思斋日记》感慨:"男女混杂,不成事体,风俗如此,太谷县令并不禁止,一任愚夫愚妇肆行,殊失父母斯民之义矣。"服妖庸众,遇上冬烘先生,反差生趣。风气所及,难免有些及时行乐的颓废。红尘漂浮心独静,人世喧嚣神自悠,还是心不净,没有闹中取静的修道,缺少坐怀不乱的定力。

诸多文字,中含不屑,心灵游与大众游之冲突也。虽如此,这些文字记录的日常细节,恰是那个时代的风气。事过境迁,人非景也非,看景的心情也无重复,然游览的喧嚣,依然如故,或更甚。

知其终不知其所踪

送至你路口,剩下的路只能自己走,曲折也罢,端走也罢。少走了弯路,便也错过了风景,错过了"把含着泪的三百篇诗,写在云淡风轻的天上"悲怆。

行人莫问当年事,故国东来渭水流。高凤翰自撰《生圹志》云:"知其生,何必知死;见其首,何必见尾。"知其生,不知其谁生;知其终,不知其所踪。有妻子者,为妻子所累;有富贵者,为富贵所累;有名利者,为名利所累。无人脱此干系。施愚山《矱斋杂记》云:"董思白、陈眉公以词翰相推重。董年八十五,临终,索妇人红衫绛缡为服。陈年八十三,将逝之前,辟谷数日,盛为诗歌,以书别亲友,仍自题一联云;'启予足,启予手,八十年临深履薄;不怨天,不尤人,三千界鱼跃鸢飞。'掷笔而逝。亦可谓了然于去来者矣。"有节竹能经雪压,无根萍总受风欺,自食其力,无怨无尤,此即自尊。

自食其力者多矣，关键是吃什么食。不与命斗，不与法斗，人生下来就有口饭吃。为混这口饭，役使如牛马，得来者必是残羹冷炙，嗟来之食。蒋士铨《临川梦·隐奸》有出场诗："妆点山林大架子，附庸风雅小名家。终南捷径无心走，处士虚声尽力夸。獭祭诗书充著作，蝇营钟鼎润烟霞。翩然一只云间鹤，飞去飞来宰相衙。"生存不易，经久失联之人，但凡联络，多遇山穷鸟道、路曲羊肠之不得已。善言一句，春风拂面，微忱为冬日之暖，欠与不欠，三生缘由，何以衡量，报在现世。

病写衰年，惆怅孤帆连夜发，成熟得总是太晚，觉悟得总是太迟。这是个令人尴尬的年龄，上有老下有小，谈爱已老，谈死太早。信仰与疑惑并存，自信与畏惧交织，希望与绝望杂错，童心与世故搅和。人到五十，挥霍路半，似乎才明白，学得本事应尽早，锻炼身体趁年轻，机遇失去不再有，助人越多心越宽。

一生只爱一个人，一世只怀一种愁，改变不难，不改变才难。世上的人何其多，合得来才是最好的那个；地上的路千万条，走得通才算最好的那条。七分正经，三分痴呆，哪有不走眼、全走对的时候。从一座城市到另一座城市，只能凭自己的双脚；从一个岔道到另一个岔道，只有靠内心的分辨。人人赞同之事，定是对事，必为庸事；人人可走之路，定是坦途，却也庸途。不从众，不趋时，方可不受惑，不困顿，大致与读书道理同。

人间没有永远，永远或只在做梦人的梦里。那些曾经拥有过的，何尝属于自己，仅留一二感知与感受罢了，如树一样感知风向变化，感受季节冷暖。或者自带信息，不带系统，洗耳恭听即是，到头来，听到的、未听到的，皆云烟般散尽。你般刻骨铭心的记忆，别人早已九霄云外。有禅诗云："智慧愚痴心之隔，天堂地狱一念间。烦恼放下成菩提，心情转念即晴天。"烦恼是枷锁的分量，卸下了，轮下失了摩擦力，路无行。果释负，一身轻，可御风于天矣。

一艘船一旦驶出，便不再属于码头和港湾，或将沉入水底；一个人一旦上路，便不再属于家室和驿站，或将倒在道旁。发端有绪，归结无常，入门一差，终成支离。刀客毙刀下，将士死疆场，是般荣耀的归宿，年年难过年年过，处处无家处处家，倒在哪里，哪里便是终结。了身了心，了心了事，一了百了，人生了了。

自己

谁是我　我是谁

　　干活为了吃饱，还是吃饱为了干活，生存为了繁衍，还是繁衍为了生存，涉及人生的终极问题，总能陷入绞思。林语堂《且行且歌》曰："人生永有两方面：工作与消遣，事业与游戏，应酬与燕居，守礼与陶情，拘泥与放逸，谨慎与潇洒。其原因在于人之心灵总是一张一弛，若海之有朝夕，音之有节奏，天之有晴雨，时之有寒暑，月之有晦明。宇宙之生律无不基于此循环起伏之理，所以生活是富有曲线的。"

　　生与死之间，有人说人生有意义，有人不以为然。上天赐予生命，无论长短，过程而已，此乃不变规律。过程则全然不同，所谓精彩，便是行文中的文饰，人类开始艺术创作之日，即人性产生之时。对于粗人而言，随口一个"操"字，语调不同，轻重不同，包含了太多语意，此般语意换作华丽辞藻、曲折描述，即谓之文采了。

　　纵有凌铄千古之志，忙碌一日，暮鼓未曾紧促；纵有神逸不尽之意，闲散一日，晨钟未曾迟缓。张爱玲《十八春》云："对于三十岁以后的人来说，十年八年不过是指缝间的事。而对于年轻人而言，三年五年就可以是一生一世。"其实时间的维度，日出日落，未为孰长；月盈月亏，未为孰短。村上春树《眠》云："每天差不多都是相同的重复。昨天和前天颠倒顺序，也没有任何不便。我不时想，这叫什么人生啊！但也没有因此感觉光阴虚度。我仅仅是感到惊讶，惊讶于昨天与前天毫无区别，惊讶于自己被编排入这样的人生，惊讶于自己留下的足迹甚至还未及认清，就在转瞬间被风吹走，变得无影无踪。"多少年后，或许少年还能记得当初使之心动的样子，芳草天涯人似梦，碧桃花下月如烟。时间则是自称包治百病的庸医，回头一望，水流云在，青山也老，错过了怎能回去。

　　有记者问放羊娃："你放羊为了什么？""赚钱。""你赚钱为了什么？""娶媳妇。""你娶媳妇为了什么？""生娃。""生了娃干什么？""放羊。"较之大名大姓人物，放羊娃未说假话，谁人能脱此规律？若将"放羊"换作"读书"，听起来顺耳些，实则一理，梁启超便说："我常说天下事业无所谓大小，士大夫救济天下和农夫善治其十亩之田所成就一样。"三分痴情，一梦缠绵，在家出家，在世出世。顺治帝有西山题壁诗："来时糊涂去时迷，来去昏迷总不知。不如不来亦不去，亦无欢喜亦无悲。未曾生我谁是我，生我之时我是谁。长大成人方知我，合眼朦胧又是谁。"谁是我，或许是放羊娃，身外有身，玄之又玄；我是谁，或许是士大夫，窍中有窍，忘无可忘。赵南星《笑赞·和尚》讲笑话："一和尚犯罪，一人解之，夜宿旅店。和尚沽酒劝其人烂醉，乃削其发而逃。其人酒醒，绕屋寻和尚不得，摩其头则无发矣，乃大叫曰：'和尚倒在，我却何处去了？'赞曰：世间人大率悠悠忽忽，忘却自己是谁，这解和尚的就是一个。"天际真人求道，毕其此生，未果而归，除了不是三生石上的"我"自己，又是谁。

或许你永远找不到自我，永远不知道"谁是我，我是谁"。费尔南多·佩索阿《惶然录》便说："我找到自己之日，便是失落自己之时。如果我相信，我就必然怀疑。我紧紧抓住一些东西时，我的手里必定空无一物。生活毕竟是一次伟大的失眠，我们做过或想过的一切，都处在清澈的半醒状态之中。"果真如此？

与自己相遇

鱼苗入河,一哄而散,众鸟投林,一散而没,作品发表后,便也不再属于你。各有理喻,各有诠释,断章取义也罢,曲解误读也罢,无从把握;用心体味,它才存在,意在笔先也罢,慧生牙后也罢,由他去吧。造物无穷已,江湖思渺茫,佛家谓之"一念心清静,莲花处处开,一花一净土,一土一如来"。作品何尝找过读者,寻觅知音罢了。

阅读皆感性,于作品中感受自我,故曰阅读是再创作。罗曼·罗兰说:"从来没有人为读书而读书,只有在书中读自己,在书中发现自己,或检查自己。"持续的阅读,是持续的等待,没有具体的目标。阅读支撑孤愤,以抵抗不满意的周遭,掩饰不经意的失望。约翰·伯格说:"到处都有痛苦。而比痛苦更为持久且尖利伤人的是,到处都有抱有期望的等待。"一层雪覆盖另一层雪,一片白遮掩另一片白,岁月在静候中改变着自己。不是没有改变,而是不知不觉,无痕无迹，待到某日吕布照镜子，双眉紧锁，一脸憔悴。忽然间暗淡了心情，无论挥霍与否，时光都会模糊身后；不管恐惧与否，未来都会邂逅眼前。"原来不管我怎样热爱我的生活，不管我怎样惋惜与你的错过，不管我怎样努力地要重寻那些成长的痕迹，所有的时刻仍然都要过去。在一切的痛苦与欢乐之下，生命仍然要静静地流逝，永不再重回。"席慕蓉的感伤，不知因何感触而来，而我的感触，因读了她的感伤而来。

诗人茨维塔耶娃致帕斯捷尔纳克的信中道："在与你相遇的时代，我也在与自己相遇，与转而反对我的所有锋芒相遇。"不必看过你看过的世界，走过你走过的路，万千世界，大致如此。沈从文去美国，喜欢独自看电视，张充和觉得他听不懂，沈即告之故事情节，分毫不差。张为此道："因为他看尽人事，写惯小说，不必言语已知来龙去脉了。"水道曲折，行至水穷处，立岸仰天，遥看云起时，与自己相逢，不择时而择心境，不择地而择性情。小说家所写，虽不尽为合一的自传，却都有自己隐约的影子，雷德蒙·卡佛说："你不是你笔下的人物，但你笔下的人物是你。"

英雄失志，皓首悲情，沧桑后的老男人，七尺之身，力不从心，多喜读边塞派、豪放派诗文，忆当年青涩力盛时，红旗半卷出关门，不破楼兰终不还，想象回到高适岑参王昌龄的侠情年代，黄金百战穿金甲，孤城落日斗兵稀。然后推开酒家，风声带雪，脱鍪挂甲，炉火正红，醉卧沙场君莫笑，风萧萧兮夜漫漫。一个男人若与正义无涉，焉为真人？

然而，无人愿意倾听你的复述，上帝很忙，凡人也累，回忆是一个内心的谣言，是一杯自酿的烧酒，夜深安闲守静时，越发醇醪。酒醉无关酒精，只因情感的度数太高。

世态幻，浮云转，古与今，谈笑间。看的是书，读的是世界，读世界，其实读的就是内心。陈丹青说："艺术是假的，它在骗你，但它比生活真实。"故曰书是记忆力，阅读是想象力，流水无弦，潺湲不竭，余曲既终，尚有回音。

腾空双手

山阴道上,应接不暇,道上众人何为?路遥遥,水迢迢,功名尽在长安道,今日少年明日老。

剧本大同小异,剧情各具精彩,每个生命都有一次期盼。傅以渐、王式丹、毕沅、林召堂、王云锦、刘子壮、刘福姚,皆科举状元,一时荣耀而终身平平;李渔、洪昇、顾炎武、金圣叹、吴敬梓、蒲松龄、袁世凯,皆落第秀才,孜孜以求而终成大才。毕其功于一役,不足以定一生之胜负,时间最终会与人和解。科场的知识生态,毕竟与社会的实际状况不同,那些状元们,朝为田舍郎,暮登天子堂,在承受过别人羡慕的目光后,面对现实,往往手足无以措,学无以致用,走不出旧时光,一时美名,竟成包袱。

然有人星夜赶科场,就有人辞官归故里,有看人背影者,便有将背影予人看者。刘克庄《乍归》表述了此般心态:"官满无南物,飘然匹马还。唯应诗卷里,偷画桂州山。"季羡林《中流自在心》说:"想不开的事情很多,但统而言之不出'名利'二字,所谓'名缰利索'者便是。世界上能有几人真正逃得出这个缰和这条索?对于我们知识分子,名缰尤其难逃。逃不出的前车之鉴比比皆是。周一良先生的第四'得',我们实在应深思。它不但适用于老年人,对中青年人也同样适用。"俗人逐利,士子逐名,不好名者,斯不好利,好名者,好利之尤者也。一旦逃名,便会彻悟出另一番胸襟,度过一生容易,度过诗意一生不易,那是陈沆《一字诗》里的情景:"一帆一桨一渔舟,一个渔翁一钓钩。一俯一仰一场笑,一江明月一江秋。"不想做一个成功者,只愿做一个爱或被爱者,王世鼐《笛怨辞》云:"笛怨箫清听未真,江湖旧雨散成尘。平生只有双行泪,半为苍生半美人。"

  无论走好选择的路,还是选择好走的路,进入社会,便进入市场,进入官场,便进入秽池。人皆趋名而为,向利而生。务名利者,必害其身,倒不如无事神仙,远走热场,飘飘何所似,天地一沙鸥。达观非难,反观不易,望面前千里者,即为达观人;顾背后一尺者,便称小神仙。岁月不会饶过任何一人,方式不同而已,勿要害怕改变,尽管因此可能失去一些不舍,却总能得到一些意外。适应不了此环境,便离开此环境,刘姥姥告别大观园时对凤姐道:"虽然住了两三天,日子却不多,把古往今来没见过的,没吃过的,没听见过的,都经验过了。"每个人都属于特定的一片树林,不属于另一片，刘姥姥的林子不在大观园。

迷失的迷失，无影无踪；相逢的相逢，不敢直面。无以改变他人，便改变自己，从当局者转为旁观者，无论怎样，腾空双手，便不曾失去什么。心为名役，身被利牵，名利皆欲，欲无时可足，理无时不存。不求名，即无诟；不求利，即无害。此理人人自知，却不由自主，不能自拔，顺理者即圣即仙，遑论其身份。此理可以律己，不可绳人矣。

为自己找个理由

失误时,在别人面前为自己找个理由;失落后,在自己内心为自己找个理由。你的才华,尚撑不起你的野心,放过自己,有何不可。人生不如意时,上帝放你一次长假,擦拭红尘,抚慰心灵。

有人对此却不以为然。李敖即曰:"前进的理由只要一个,后退的理由却有一百个。许多人整天找一百个理由证明他不是懦夫,却从不用一个理由证明他是勇士。"卡勒德·胡赛尼《追风筝的人》云:"我们总喜欢给自己找很多理由去解释自己的懦弱,总是自欺欺人的去相信那些美丽的谎言,总是去掩饰自己内心的恐惧,总是去逃避自己犯下的罪行。但事实总是,有一天,我们不得不坦然面对那些罪恶,给自己心灵予救赎。"才气萌动,志存高远,然江山风月,本无常住,一俟元气下降,再难重起。

心为形役,身被名牵,生活的劳累,一半源于生存,一半源于攀比。你的幸福，常在别人眼里，有什么好虚荣的。孔雀开屏自炫，而后窍亦随之现。再者，忌成乐败，以发现他人缺点安慰自己，为自己的无能类比一桩理由。

生命何曾后退，不会在过去停留。然前行的路，何止一条，每一条都有风景，无论曲折，抑或平坦，殊途同归，最终都要结点于生命的尽头。光滑冰面，容易跌倒，其上缺少坎坷；坎坷路面，寸步难行，其上布满荆棘。曾经的繁华，陋室空堂，当年笏满床，衰草枯杨，前为歌舞场；曾经的热络，明霞可爱，转瞬而辄空，水流动听，过耳则不恋。淡墨似烟书有泪，远天如水梦无痕，每个人是每个人的过客，每个人是每个人的思念，人生不可预见，我们有幸来过。

执着与放弃，乃人生大局。少年得志，忘乎所以，以为足智练达，精明颖异，自然愿意选择执着；时光越老，人心越淡，遂转入力不从心的无奈放弃。若早一些知道将要面对的世界不过如此，是否会少一些因过度期待而产生出的块垒怨怼。得到了什么，其实只是过手了什么而已，当间失去了时间，耗费了生命。既是过手，何须抓得太紧。王梵志的诗理趣盎然："他人骑大马，我独跨驴子。回顾担柴汉，心下较些子。"丰子恺的话宽慰有加："既然无处可逃，不如喜悦。既然没有净土，不如静心。既然没有如愿，不如释然。"人生困境，有时是自己编织成的蛛网；人生得意，往往是内心创造出的假象。佛界易入，魔界难出矣。

随便一个理由，便能拒绝一次约会，也能认可一回错过。不是找不到，只有不想找，为自己寻个理由，姑且也算一种自释的能力。然解释这个理由，对于喜欢你的人，大可不必，对于不喜欢你的人，还是不信。这个理由，终是自己给自己下的一个台阶。

穷孩子的诗意

查尔斯·兰姆《扫烟囱童工赞》描写伦敦扫烟囱童工参加宴会情状一句"几百张欢笑的嘴巴一起露出了雪白的牙齿,猛然一亮,使黑夜大吃一惊",之所以诗意十足,尚不止场景的美,更在于情感的深。价值观乃处世之本,也文学之本。出身于中产阶级家庭的兰姆,贫贱立品,富贵立身,并未以阶级的隔阂,稍嫌这些穷孩子,反使其成为诗中的美好。世间诗人无数,具底层视角者却不多,白居易《卖炭翁》里也有类似句子,"满面尘灰烟火色,两鬓苍苍十指黑",多了些同情。张俞《蚕妇》"遍身罗绮者,不是养蚕人"句,又添了几许不平。

一花一世界,一木一浮生,一草一天堂,一叶一菩提,一砂一极乐,一方一净土,一笑一尘缘,一念一清静。穷人与富人一样,也一花一木、一草一叶,皆天地之间的过客,圣人胯下的刍狗。园花落尽路花开,红红白白各自媒,富人睡时，草木在长。莫问早行奇绝处，四方八面野芳来，草木长时，穷人在睡。王百谷《元宵词》云："侯家灯火贫家月，一样元宵两样看。"弗洛伊德说："每一个人在内心都是一个诗人。直到最后一个人死去，最后一个诗人才死去。"富人的眼中有诗，穷人的眼中也有诗，但富人看穷人，未必能有诗意，穷人看富人也一样。

兰姆是真诗人，虽说他的文学成就在散文一域。旧房子窄街巷，是新人身边的穷孩子，老款式估衣裳，是潮人眼中的穷孩子，但新人、潮人的诗意，均不在穷孩子身上。朱锡绶《幽梦续影》云："偏是市侩喜通文，偏是俗吏喜勒碑，偏是恶妪喜谈禅，偏是书生喜谈兵。"若是新人偏喜老，若是潮人偏喜旧，纵使碧桃满树，红杏在林，依然装模作样，虚情假意，诗意由心不由境，"人禀七情，应物斯感，感物吟志，莫非自然"。

人本是滚滚红尘里散落一地的珍珠，颜色光泽不同而已。富人穷人，由财富划分；雅人俗人，由格调划分。《庄子》曰："君子之交淡如水，小人之交甘若醴。君子淡以亲，小人甘以绝。"大人小人，由德性划分。顾炎武尝言："北方之人，饱食终日，无所用心；南方之人，群居终日，言不及义，好行小慧。"北人南人，由地域划分。

杜甫《兵车行》云："信知生男恶，反是生女好。生女犹得嫁比邻，生男埋没随百草。"男人女人，由性别划分。有宋诗云："可怜一片无暇玉，误落风尘花草中。羡他村落无盐女，不宠无惊过一生。"美女丑女，由审美划分。然在重男轻女时代，男人却羡慕女人，"生女犹得嫁比邻"。于崇美嫌丑常态，美女却嫉妒丑女，"不宠无惊过一生"。大概这便是几米所说的"所有的悲伤，总会留下一丝欢乐的线索。所有的遗憾，总会留下一处完美的角落"。就当事人而言，无论眼下是好是坏，俱为暂时，六世达赖喇嘛仓央嘉措有偈："我问佛：世间为何有那么多遗憾？佛曰：这是一个婆娑世界，婆娑即遗憾，没有遗憾，给你再多幸福也不会体会快乐。"就文学作品而言，令人遗憾的是，尚未出现诗意比于卑微的兰姆。

　　罗丹说："对于我们的眼睛，不是缺少美，而是缺少发现。"其实，对于这个世界而言，不是缺少善良，而是缺少慈悲；不是缺少仁心，而是缺少宽容。

你会成为你讨厌的样子

总有一天,你会成为你讨厌的样子,从长相,到心态,无以逃脱。青山几度变黄山,青山不老,春来返葱。人却不然,江村月夜芦花白,头发花白,心则苍白。"吾爱孟夫子,风流天下闻。红颜弃轩冕,白首卧松云。"那只是李白恭维孟浩然的话,万不可当真。

随心所欲的身心,遇到无所不在的管束,少年时夸饰的秾艳、伸肢的放肆,变形情感,也放大无知,任性毁初衷,也毁前程。爱无可医,唯有更爱;俗不可耐,唯有更俗。故作深沉,为赋新词强说愁,坚持不了多久。抵不住流年,经不起时间,劣币淘汰良币,起初抱怨世界不纯粹的青年人,也城府为中年人。纯真雪污为泥,和光同尘,不露锋芒,勇于死斗,怯于公战,该说话时,嘿嘿不语,该动情时,压在心底。也故作谦卑,却越发虚伪。因做自己而招人讨厌时,迎合他人,伪装自己,模仿别人,重复自己。开始的已开始，结束的未结束，一季的人生，有一季的故事，青年是中年的镜子，中年则青年的倒影。

武生的身段，老生的唱段。中年的城府，无非是藏心计于隐，寓手段于晦。施人之惠，不记于心，受人之鱼，而学之渔，识人之才，授之于权，善于谋人，有容乃大。淡泊不知富贵味，或因得不到华屋良田、美食骏马之享受；云在青天水在瓶，或因看不开视而未见、见而未解之迷局。

入境问禁，入国问俗，入门问讳，非自作聪明。事穷势蹙，捉襟见肘，为顺逆差遣，成人之无奈也。曾国藩尝言："得意而喜，失意而怒，便被顺逆差遣，何曾做得主？马牛为人穿着鼻孔，要行则行，要止则止，不知世上一切差遣得我者，皆是穿我鼻孔者也。自朝至暮，自少至老，其不为马牛者几何？哀哉！"胡适《介绍我自己的思想》云："从前禅宗和尚曾说，菩提达摩东来，只要寻一个不受人惑的人。我这里千言万语，也只是要教人一个不受人惑的方法。"

看见山时，你在山外，看见河时，你在对岸，这世上有千万条路，却没有一条可以重来。光阴似箭，至老无闻，世事艰难，至今布衣，不再祈求他人的理解，此事与他人无涉。与眼前经过的每个人，都有或深或浅缘分，纵使不喜欢。当所爱之人离去，便须与所恶之人同行，受恶者甚闲，其无痛无痒，造恶者甚忙，反伤痕累累。所恶之人中，也有你自己。

箫心敛剑气，闻歌知雅意，消弭但火气，生命不再是赛跑,而成旅行。中年有中年的风度,无论遇见何人,皆该遇之人;中年有中年的活法,无论发生啥事,乃唯一之事。清茶一壶,好香一炷,闲谈古今静玩;不言是非,不论官事,行立坐卧忘形。人到中年依然单纯,那是幼稚病,而世故的样子,或许正是自己与他人都不讨厌的样子。

有些疲劳

某年,陪岭南客冬游五台山。一路之上,萧瑟阵阵,西风扫净天空,叶落而显山形。客为之几番感叹,说南方不落的绿树,使之审美疲劳。我则感慨,疲劳者岂止审美。亦舒说:"人们日常所犯最大的错误,是对陌生人太客气,而对亲密的人太苛刻,把这个坏习惯改过来,天下太平。"一个素昧平生之人,偶然做件事便会让人感动不已,不是因其有多好,而是你对他未抱任何希望,只做一点便出乎你的意料;而一个亲密无间之人,长久做对你有益的事,你却麻木无视,认为理所当然。不愿为亲密者的成功鼓掌,却愿为陌生人的悲惨捐助。此即对亲密者的近视疲劳。

此类疲劳尚有其他表现,且越亲近,症状越严重。交代的事记不住,或根本没记,约点迟到,办事拖期,等等。网上流行段子云:和媳妇吵架赢的,最后都离了;对媳妇冷淡的,最后都一人过了;不给媳妇钱的,最后都穷死了;不让媳妇开心的，最后都气死了。幽默是幽默，却也令人纳闷，没有谁离不开谁，只有谁不珍惜谁，夫妻之间，何以至此。张中行《婚姻》一文道："世间的一切事物，都可以分等级，婚姻也是这样。以当事者满意的程度为标准，我多年阅世加内省，认为可以分为四个等级：可意，可过，可忍，不可忍。"这大概属于第四级了。

好夫妻的十大经典表现：恋爱时，彼此是崇拜者；交谈时，彼此是知音；得意时，彼此是吹牛对象；生气时，彼此是出气筒；困难时，彼此是咨询师；痛苦时，彼此是安慰者；病时，彼此是护理；老时，彼此是拐杖；平时，彼此各干各，保持适度距离。大概也痴人说梦，荒诞不经矣。法国思想家泰恩谈婚姻，深刻而接近事实："互相研究了三个星期，相爱了三个月，吵架了三年，彼此忍耐了三十年，这就是婚姻。"胡适的话可做此补充："爱情的代价是痛苦，爱情的方法是要忍得住痛苦。"如此洞见，必源自切身感受。鉴于此，柏拉图、哥白尼、达·芬奇、米开朗琪罗、笛卡尔、帕斯卡、牛顿、伏尔泰、贝多芬、亚当·斯密、康德、叔本华、舒伯特、安徒生、诺贝尔、尼采、梵·高、普鲁斯特、卡夫卡、维特根斯坦等举世成就者，皆终生未娶。不食马肝，未为不知味，由此若得出一个结论，优秀者普遍单身，未免片面，却有道理。

婚姻对于女人，几乎是无法逃脱的宿命。"点点春山淡淡愁，任他风雨上西楼。何堪词笔画眉黛，槛外云开水自流",世间几人能做到。功成名就者,似乎不抵相夫教子者幸福,最后的归宿还是安稳度日,然"二十年的浪漫风流,会使一个女人看着像座废墟;二十年的婚姻生活,会使她看着像座公共建筑",王尔德的话毫无掩饰。海棠铺绣,梨花飘雪,哪有不败的容颜。

对亲近之人如此,对亲历之事亦然,纵使社稷大统,也有厌倦之时。唐玄宗移情杨贵妃,万历帝廿年不上朝,顺治帝更是结跏趺坐,钟情释迦。民间传有其偈:"十八年来不自由,南征北战几时休?朕今撒手归西去,管你万代与千秋。"读书兴趣,经史子集交回;文士排遣,琴棋书画紧换。

纵使有花兼有月,可堪无酒又无人。不是无酒,是无醉人之酒,不是无人,是无可人之人。蜂蝶纷纷过墙去,却疑春色在邻家。春色未离,是你离了春色;你也未离,是心情离了你。有的人一见如故,再见陌路,隔阂着莫名的距离,酒不醉人,独醒者痛;有的人纵使疲劳了,还能过一辈子,春色已去,心情未离。

专注眼前

文由胸而出,心以文为表,心里想到什么,眼里便能看到什么。梅尧臣所言"状难写之景,如在眼前;含不尽之意,见于言外",于画域便是"师法自然,中得心源"之谓。石涛《画语录》云:"信手一挥,山川、人物、鸟兽、草木、池榭、楼台,取形用势,写生揣意,运情摹景,显露隐含,人不见其画之成,画不违其心之用。"只有把心交予自然,自然才会把心归还给你,你便成了艺术家。

啄食之鸡,眼前唯有谷粒;吞食之犬,眼前唯有骨头。最了解你的人,除了挚爱,便是对手。情侣眼前,其他人等,皆淡化为陪衬的背景。有的事原本就错误,越关注越无助,一帆风不顺;有的人永远等不来,越希望越失望,心想事不成。绝口不提的伤痛,都在心底,此即"生老病死,怨憎会,求不得,爱别离,五蕴炽盛",所谓人生八苦中的"求不得"之苦。茨威格《一个陌生女人的来信》描述:"我的心始终为你紧张，为你而颤动；可你对此毫无感觉，就像你口袋里装了怀表，你对它绷紧的发条没有感觉一样。这根发条在暗中为你耐心地数着你的钟点，计算你的时间，以它听不见的心跳陪着你东奔西走，而你在它那嘀嗒不停的几百万秒当中，只有一次向它匆匆瞥了一眼。"有人说，与其相隔千里，倒不如怜取眼前人。

1936年5月9日，陈融在广州宴客。宴后，胡汉民与潘景夷对弈。前两局一胜一负战平，但胡意犹未尽，坚持再下一局。进入残局后，胡想以"卧槽马"逼出对方老帅，不料对方突架仕角，炮打了胡的一只车。胡登时脸色苍白，突发脑溢血倒下，昏迷三日后病逝。愤怒瞬间，智商归零；快乐刹那，智商空白。理智与情感、智慧与情绪成反比。

心中渴求，非为时光的神偷准备，实在是专注不够。乱码盯成三维图像时，追逐的目标，还在眼前。突如其来的邂逅，是不敢以为的真实，为此张爱玲劝诫："太剧烈的快乐与太剧烈的悲哀是有共同点的：一样需要远离人群。"远离人群，突围自我。有几根歪脑筋，便有几个歪点子；有几条花花肠，便有几处花句子。专注眼前见不得之象，终能看得着专注之项。日有所思，夜有所想，梦也能梦见，爬也要爬到，却无法在某个约定的日子抵达。延误抵达也罢，彼此还能继续误会下去。飞泉数点雨非雨，身在泉下，坐看氤氲；空翠几重山又山，山外看山，影像叠加。移步换景，景由心造，一切镜像皆心像；心能会境，随处安心，所有坐标皆目标。

走红尘

与他人交流,顿觉自己心智不全,半肚子不合时宜。单位开会发言,语出而默,无人应答,客气者曰"语境不一",偶有窃语者私下提醒,这是"真话"。每一个思想,都是真实的存在,我为何隐晦。我读书不多,可莫诓我,一个人的成熟是七分正经,嘴巴上的三分痴呆,表面上是谬于词的天真,其实就是心智不全。

眼一,看法不一;耳一,听法不一;嘴一,说法不一;心一,想法不一。总以为自己闪闪光亮,实则你是许多人身边的暗物质。前些年读王小波,一句话令人无忘:"我看到一个无智的世界,但是智慧在混沌中存在;我看到一个无性的世界,但是性爱在混沌中存在;我看到一个无趣的世界,但是有趣在混沌中存在。"混沌本该是天地玄黄、宇宙洪荒时代的荏苒初真,了烦脱俗于时下,别有思绪。谁人引导你进入迷失,遁入幽玄,正是你自己。

基于此，我恐与陌生人交往，一回茶，二回酒，久交者非酒也，志同耳。心定气平，事前加慎，多言不若守静。我也不愿发言，除非被点名，发言时不恐惧，恐惧在等待发言，虽说互以为非类，不是示德，更非示威，只是不愿违心谈吐，不愿揣摩小官吏的眼色，内在尊严作祟矣。习气不除，如何了得，本不愿拂他人之意，毕竟温良恭俭让。"我正在城楼观山景，耳听得城外乱纷纷"，没有一句是中听。不知不觉成骗子，不情不愿做演员，我不甘心。胡适所言"不降志，不屈身，不追赶时髦，也不回避危险"，不知是愿望，还是践行。立标杆者，未必能越杆，"傲骨虚心真力量，热肠冷眼大慈悲"，英敛之所言，盖也仅向往耳。

全是己之感受，而非他人看法。你只能创造自己的唯一，是什么样子，其实就是你想成为的样子。有些人将己之夙愿推寄儿女，以若所为，求若所欲，犹缘木而求鱼也。"你没有如期归来，而这正是离别的意义"，北岛所言，往往寓意深刻，耐三更琢磨。孩子没有成为父母的如期，你也没有成为大多数，这不就是离别？我是个令自己都失望的人，没能抵达道德的制高，见识更在素常的谷底，对修身齐家茫然，对升职高就索味，面云霞而当歌，感岁时而喟叹，唯对小兴致、小场面、小山水、小文章得趣。我让许多人失望过，确实无能为力。上岸当然好，面朝大海，春暖花开，鲜花盛放的村庄，摘苹果的时候，但我还能浮得动，虽说不知彼岸何方。随风飘扬，自由是方向。

张之洞箴言:"我平生有三不争,一不与俗人争利,二不与文人争名,三不与无谓人生闲气。"怨我无聊,世间万物,枯荣应时,刻意者,人之贪心。生活不知道你是谁,你的生命在时间道上,流星般划过,浪迹天涯,天劳我形,处处无家,处处是家。

苏东坡有赏心十六事:清溪浅水行舟,微雨竹窗夜话,暑至临溪濯足,雨后登楼看山,柳荫堤畔闲行,花坞樽前微笑,隔江山寺闻钟,月下东邻吹箫,晨兴半炷茗香,午倦一方藤枕,开瓮忽逢陶谢,接客不着衣冠,乞得名花盛开,飞来家禽自语,客至汲泉烹茶,抚琴听者知音。真是看开了。彩云山外如画,送上笔尖来,可我看到的山水,皆元人的十二忌病:布置迫塞,远近不分,山无气脉,水无源流,境无夷险,路无出入,石止一面,树少四枝,人物伛偻,楼阁错杂,滃淡失宜,点染无法。难怪东坡眼里皆好人,我不行,看自己也不善。

业余与生计

青春岁月,身不由己,华发时节,仍不由己。说来悲哀,我的生活依旧围绕生计展开,鸿鹄志在苍宇,燕雀心系檐下,养家糊口,当属后者。

溺于利,事人哪知无事之舒畅;偏于业,忙人哪知闲人之惬怀。眼里不见争斗,耳里不闻是非,闲里回观世路,静中得见天机。此般境界,可以息心。功利之余,炉火旁打个盹,三五人喝个酒,算作暂且逃脱。

繁华落尽,归于静寂,老木西风落叶寒。烟云腾迁,古木可为流年的坐标,无论走得多远,都能找到回到内心的路。秀才是孔子的罪人,和尚是佛陀的罪人,现实是理想的罪人,你是你的罪人。你是归人,还是过客?纵是过客,何日归家洗客袍?

现实如此严酷,理想尚未尝试,好年华已逝,想来心有不甘。尽可被毁灭,不能被打败,士君子修道立德,不以困穷而改节,常人亦然。自由是你身体里最尊贵的神,如何在诸多限制中,为自己做选择,且为此决定负责,活出自己想过的人生。"人生的刺,就在这里,留恋着不肯快走的,偏是你所不留恋的东西。"钱锺书所说的"留恋",大概就是这般"想过的人生"。

米可果腹,沙可盖屋,二者掺和,价值全无。性之所近,力在所能,你是专家,却不专心,既不肯弃工作,又无法全然投入爱好。一间茅屋负青山,老松半间我半间,此二者掺和,工作不脱应乎,爱好不可尽入。一床难睡两梦,做人纯粹,做事方能痛快。

学会抱怨,是如此容易,维持生计的过程中,有无乐子可言?你忍耐的每个坚持,遭受的每次磨砺,都会在某个时候派上用场。你失去的某个机会,在另条路上,或许还会以另外的面孔遇到。

退而求其次,逃世不逃名,生计之外,可另设中心,全身心投入其中。这一爱好,多在精神之慰藉,犹秉烛之夜行,固不能照亮每个角落,但总比摸黑好。对于业余,再怎么紧张,永远有时间。业余的适宜,在于进退自如,不必如维持生计者,昨日与今日,日日重复,今日与明日,遵循惯例。一辈子下来,最有意思时,没有有意思地过,最没意思时,哪能过出有意思。故业余之于生计,齿亡舌存,户朽枢立,更为持久。如果没有两套衣服,至少可以换种穿法。

萧伯纳说:"想结婚的就去结婚,想单身就维持单身,反正到最后你们都会后悔。"王尔德也说："生活中只有两个悲剧：一个是没有得到你想要的，另外一个是得到了你想要的。"当生计成为业余，业余成为生计，时间长了，或许都会后悔，都会东山看见西山高。法律学校毕业的巴尔扎克业余完成第一部作品时，法兰西学院某院士看过后毫不讳言："这位作者随便干什么都可以，就是不要搞文学。"巴尔扎克自然不服气，经过一番努力，终成一代文豪。然却一度弃文从商，经营企业，均告失败，且债台高筑，不得不以透支身体写作还债，终因劳累过度，五十而殁。

你的生计，正是他人的业余；你的业余，反是他人的生计。生活之趣需要调剂，矛盾主体需要转换，业余与生计，如居士与和尚，何在于在家与出家？

兴趣但消失

做甚的务甚,百事皆兴;做甚的荒甚,百事皆废。未必,小心求证,大胆假设,胃只对能被消化的食物感兴趣,脑只对自己不具备、得不到的东西感兴趣。故而未具备者求之,所拥有者弃之。

比如婚姻,结婚源于彼此的误会,离婚在于双方的了解。鲁迅说:"婚姻中最折磨人的,并非冲突,而是厌倦。"厌倦即失却兴趣,冲突反在彼此了解,生气有时比闷气自在。"与君同舟渡,达岸各自归",若再相见,仍如陌客,执着追求似执迷不悟,好聚好散乃醍醐开悟。比如学业,乘兴而来,兴尽而返。陈寅恪国外留学十几年,辗转几所名校,却未得过任何博士学位,其回答侄子陈封雄疑惑时云:"考博士并不难,但两三年内被一个具体专题束缚住,就没有时间学其他知识了。只要能学到知识,有无学位并不重要。"故人往事,世人皆知却不解其奥。

摄影大师布列松晚年坦言："我从未对摄影感兴趣过，开始即如此。对我而言，相机拍照，不过是绘画的延续而已。"其理想是成为一名画家。世有叶公好龙之好者，有言不由衷之好者，以此谋生，未必兴趣，却精于此道，以此道立身。真的兴趣，倒要看业余心智，虽不为称道，却津津有味，乐此不疲。恰在于未及一流，而孜孜以求，兴致未稍减。

读书功效大致有四：知识谋生，宁帖心灵，消磨时光，探索未知。学而不思，思而不学，或罔或殆，不甚了了，即消磨时光；越学越思，越思越学，越学越惑，越惑越学，一生时光，就此消磨，以致余生不够用。若以读书植端正业，海量读书，方可求证，证或未证，不过尔尔，未证者前人已有证，证者又为后学反证之。山脚看山，海边观海，有怎样的探索，便有怎样的虚幻与奇特，还有怎样的怪异与混乱，兴趣重，心思便重，简单事遂复杂。艺术趣味、科技成果，乃求证当间之副产品，尚需有伦理纲常、道德节制之规制。

世间本无事，庸人自扰之，无事找事，有事怕事，自寻烦恼，排解烦恼，此即生活中的所谓探究。生老病死，爱别离，怨长久，求不得，放不下，总是希望被理解，却又害怕被看穿，众生烦恼，或他予，或自寻，无事变有事，与烦恼同在。严羽《沧浪诗话》云："唯悟乃为当行，乃为本色。然悟有浅深、有分限、有透彻之悟，有但得一知半解之悟。"一知半解之悟，难免瞻前顾后，杞人忧天，此即烦恼之自寻。

人生如逆旅，我亦是行人。岁月之客，不知所归，醉知酒浓，醒知梦空，本想痛哭一场，却不知为谁。圆缺事，月盈亏，良辰夜寒替换；毁誉间，潮涨落，热络疏远变幻。芥川龙之介自杀时，留下"朦胧的不安"之遗言，太过沉重。外表风光，内心凄凉，慧极必伤，情深不寿，与命诀别，生死无错，错就错在对求知求欲失却了兴趣。同样自杀的顾城也说："在我放弃了自己的时候，我忽然就自由了，我终于理解了什么叫自然而然。"兴趣但消失，不知是遗忘了自我，还是维持了自我，但最终是克制了自我，耗尽了自我。

一次性消失的生活

以我的读识,思维依旧盘桓于唐诗宋词的豪放婉约;以我的年岁,习性仍然滞留于农业社会的田园牧歌。有奢侈不尽的时光,却无浪费一毫的垃圾,至今援例对一次性的使用,心存内愧,真真觉悖入悖出,暴殄天物。至少在二十岁之前,未闻估衣丢弃者,新三年,旧三年,缝缝补补又三年。之后,老二穿罢老三穿,经纬成絮,絮不型绺,还要浆成布壁子,百纳成章,积作鞋底之用。也未见剩饭造孽者,灌个大肚何妨,况且饭菜本就不足食,奢谈剩余乎,童年唯饥腹直觉。与现时不同,为勤俭而节约,在当时是个伪命题。

"曾经一次性消失了的生活,如影子般没有分量,也就永远消失不复回归了。无论其是否恐怖,是否美丽,是否崇高,它的恐怖、崇高以及美丽都预先已经死去,没有任何意义。"《不能承受的生命之轻》于二十世纪八十年代曾反复研读,感觉米兰·昆德拉不仅作家,亦思想家。所思妄念,但我还是以为，影子是有分量的，阴沉沉，随身而行，沉甸甸，无以摆脱。我的既往快乐，皆因青春而快乐；我的既往记忆，却因蜕变而抑郁。可怕的就是阴沉抑郁，频频纠缠，挥之不去。

山中常有千年树，世上难逢百岁人，所有时光，逝者如斯，也即一次性消失的生活。"傍晚时分，你坐在屋檐下，看着天慢慢地黑下去，心里寂寞而凄凉，感到自己的生命被剥夺了。当时我是个年轻人，但我害怕这样生活下去，衰老下去。在我看来，这是比死亡更可怕的事。"慢慢地黑下去，不也慢慢地老去，慢慢地退却？王小波《思维的乐趣》里的这段话，我是感同身受的，但我已回不到过去，即便缺衣少食的过去。木心闲谈张爱玲："她是乱世的佳人，世不乱了，人也不佳了——世一直是乱的，只不过她独钟她那时候的那种乱。"此心彼岸，隔岸观柳，她是乱世的佳人；此岸彼心，心无所托，谁是浑世的孤人？

胡兰成与木心，皆民国人物，胡兰成《闲愁万种》云："男女同行，是不知怎的会有天地之始的感觉。平生知己乃在敌人与妇人。自古江山如美人，虽然敬重圣贤，却是爱悦荡子。不觉心旷神怡，喜天下乱。天道惊险，人世惊艳。"良人别后，再无消息，纵使回到过去，纵使水盼兰情，去年今日。"相见争如不见，有情何似无情"，不相信这是司马光的词，情之所钟，世俗礼法如粪土，可就是司马光的词。一个人并不孤单，想一个人才孤单，本该携手天涯者，竟早早分道扬镳，曾经的海誓山盟，竟是玩笑之言。

既是一次性，何不活出自己的生命状态，不必为作为而不作为，为不作为而作为。即便你喜欢不堪的猥琐，关心他人的隐私，窃喜他人的失败，在你的内心你也算成功者，因为你喜欢。陈丹青云："成功观害死人，你要去跟人比。第一名还是第二名，挣一亿还是挣两亿。我对一切需要比的事物没有反应。我知道我的画、我自己都毫无价值，但我讨厌一群人脸上那种集体势利的表情。这表情只有一句话：你是错的！我们是对的！"悲就悲在一生没有勇气活出自己，没有真诚面对病痛，有过而不喜人规，如讳疾而忌医，宁灭其身而无悟也。为原因寻借口，为结局找原因，常人皆如此，我也不例外。

幸福折磨人

叔本华晚年谈幸福:"在一切幸福中,人的健康实甚过任何其他幸福,我们可以说一个身体健康的乞丐要比疾病缠身的国王幸福得多。"此时,其气血渐衰,体力日下。四季往复,天不违时,谁都有过青春,同样也会有迟暮。蒋介石心目中的第一幸福事是"夫妻和睦",其先后有过四次婚姻,与宋美龄结合后,志得意满,天涯驻足,家庭生活方安定下来。风霜之句,皆自阴阳调和时出;彻悟之间,已然风流放诞抛弃。林语堂说幸福:"一是睡在自家的床上,二是吃父母做的饭菜,三是听爱人给你说情话,四是跟孩子做游戏。"天伦之乐,儿女情长,看似平常,实则不易。战乱时,人民最常念叨"天下太平",而林语堂所处时代,正是蜩螗沸羹、丝纷棋布之际,动荡有年,太平无期。故曰缺什么,什么就是幸福的目标。落魄书生的幸福,定是金榜题名;守田农户的幸福,定是满仓满缸。

女性的幸福，大约都有青春一项。张爱玲说："你年轻么？不要紧，过两年就老了。"三毛说："我来不及认真地年轻，待明白过来时，只能选择认真地老去。"人间花草太匆匆，朱颜去复去；春未残时花已空，白发新更新。说这些话时，他们已不再年轻。

心灵的动机，如此强烈，自言自语，喋喋不休。酝酿的梦呓，酒池糟丘发酵，由水而酒，再有内涵的容器，也无法尽纳其中，一开口，便醇到了过耳难忘。然玄想终不为结果，成了永远的幸福遥念，玄想从未远离现实，只是擦肩而过，失之交臂，目送风起时，落下一地的不忍之心。

门前苍松，不沐春风，不识衰荣，终岁青葱，苍松的幸福，不在春风里。不乱于心，不困于情，不畏将来，不念过往，智者的幸福，只在内心中。"夫唯不争，故天下莫能与之争"，无所谓有，无所谓无，不争者没有具象的幸福，淡然间无所不幸福。人命，由天不由己；幸福，由心不由境。

心为形役，尘世马牛，身被名牵，樊笼鸡鹜，何言幸福。名利场中，难容伶俐，生死路上，正要糊涂，糊涂即幸福。花棚石磴，小坐微醺，岚气夺山川，色结烟霞；草色花香，桃开梅谢，杨柳驻亭前，送尽游人。山不会靠近你，你只能走过去，可期不可期？然幸福是座永远过不去的远山，无形非象，无象非形，看似有形，何曾有质，可望而不可即矣！非人磨墨墨磨人，幸福折磨人，人也折磨幸福。

状态

悠悠慢

昔时之士，时常踱方步将直路走弯，顺便多看几道松风袅袅、花雨纷纷的风景。赶脚之人，南人于亭中歇息，北人自槐下小憩，相识者问询故人，陌生人搭讪丰歉，或许一桩婚姻因而成就，一笔买卖就此成交。半晌的优哉游哉，省去了媒妁的烦琐，跳过了捎客的佣金，效率恰在行程之外。太史采风，山泽之间，履屐登山，乘桴浮海；行人问俗，闾阎之间，呼童煮茶，门临好客；此上古之风也。

木心《从前慢》云："记得早先少年时，大家诚诚恳恳，说一句是一句。清早上火车站，长街黑暗无行人，卖豆浆的小店冒着热气。从前的日色变得慢，车、马、邮件都慢，一生只够爱一个人。从前的锁也好看，钥匙精美有样子。你锁了，人家就懂了。"君子似玉，佳人如梦，结发为夫妻，恩爱两不疑，一夫一妻，一心一意，一生一世，"一生只够爱一个人"，说得真好。一壶茶喝白了，说书人尚未入情景；一出戏方道白，看戏人方巾已浸湿。咿咿呀呀的古曲，绕梁过三匝，一字未吐尽，五弦并奏君试听，凄凄切切复铮铮，直唱的人唏嘘不已，沾来啼痕，感极反无言，欲言词已窒。陈寅恪论爱情五境界："情之最上者，世无其人，悬空设想，而甘为之死，如《牡丹亭》中之杜丽娘；与其人交识有素，而未尝共衾枕者次之。如宝、黛等，及中国未嫁之贞女是也；又次之，则曾一度枕席，而永念不忘，如司棋与潘又安，及中国之寡妇是也；再次之，则为夫妇终身而无外遇者；最下者，随处接合，唯欲是图，而无所谓情矣。"燕约莺期，蜂媒蝶使，生情需日久，道来且娓娓，合节拍耳。

我少年时代的情形大致也如此。为一场露天电影，半下午即占据了位置；在蔬菜门市部排一上午队，不知来者何菜，反正见队就站，到头来可能一车也等不来。而为过一个紧巴巴的年，入腊月便按习俗次第准备，腊月二十三以后，更是全方位进入忙年。说是忙年，一天也只做一件事。吾乡介休有谚《说过年》：腊月二十三，西瓜麻糖打发得爷爷上了天。腊月二十四，揩抹打扫办家事。腊月二十五，称下几斤胡萝卜。腊月二十六，割下几斤猪羊肉。腊月二十七，红的白的蒸下几簸箩。腊月二十八，关住门则洗了老娘的臭板脚。腊月二十九，涮下瓶瓶拈下酒。三十儿，抱下包袱儿，穿上新袄新裤新衣衫，男女老少心喜欢，心喜欢，喜冲天，门神对联贴在大门前。腊月二十三祭灶时，按着旧有程序，主家毕恭毕敬，念念有词："灶爷你听着：厨房里你见天眊着过，我顿顿省吃又俭喝。抛米撒面是一时错，炉窝里肮脏是娃黎多，你老人家可得担待着。"敬神如神在，虔诚有加，马虎不得。

樱桃豌豆分儿女，草草春风又一年，嬉戏间，儿女成人；风前横笛斜吹雨，醉里簪花倒著冠，杯盏里，老之将至。事少役稀，百姓富实，慢悠悠，享太平。班固《汉书·食货志》载："冬，民既入；妇人同巷，相从夜绩，女工一月得四十五日。"一月何以四十五日？颜师古注曰："一月之中，又得夜半为十五日，共四十五日。"赋繁役重，苛捐杂税，民自然慢悠不起。

米兰·昆德拉在《慢》中写道："慢的乐趣怎么失传了呢？啊，古时候闲荡的人到哪儿去啦？民歌小调中的游手好闲的英雄，这些漫游各地磨坊，在露天过夜的流浪汉，都到哪儿去啦？他们随着乡间小道、草原、林间空地和大自然一起消失了吗？"是谁使"慢"变得如此之快？时人感叹世道聒噪，万变无穷，人心浮躁，身被形牵，你我皆被裹挟驶上了名利的快车道。晨曦未露出门，星星齐了回家，恨不得将时间压缩成饼干，拥挤在地铁车厢里，三步并作两步，边走边咽下。然钱可储，物可储，唯独时间，虽终日随身，无时离手，不可存矣。葡萄牙作家费尔南多·佩索阿算过一笔账："除掉睡眠，人的一辈子只有一万多天。人与人的不同在于：你是真的活了一万多天，还是仅仅生活了一天，却重复了一万多次。"烦恼之场，何种不有，茨威格也说："日子不断过去,今天不是昨天,明天不是今天,可都是同样的一天。"每日只做一件事者,与每日处理十八件事者相比,哪个更了心宁帖,更灿烂笑脸。把他人的事当自己的事,把自己的事不当回事,处理十八件事者最有可能将一天重复一万次,其中包含三分禅理。王安忆在复旦大学研究生毕业典礼上致词道:"我希望你们不要过于追求效率,效率总是以目的论的,事实上,我们都是处在过程中,这是生活的本质。我劝你们不要急于加入竞争,它将你们纳入主流价值体系,这会影响你们的价值观念。我希望你们有足够的自信与主流体系保持理性的距离,在相对的孤立中完善自己。"其实百余年前,提倡简约生活的梭罗在《瓦尔登湖》中便发出了"让我们如大自然般悠然自在地生活一天吧"的无奈祈求。凡自然所属,皆慢,日出冉冉,日落缓缓,花开瓣瓣,花谢层层,唯人急,欲牵发离地。

　　八十岁的老母欲来我这里小住几日,半月前电话里便做了计划,且将行囊预备一侧,今日放入一件,明日添加一档,仿佛还是她幼时坐牛车、骑毛驴式的行旅,其实两地间不过两小时的车程。她走过我走过的赶紧路,我却没看过她看过的从容景。

同　时

花开两朵，各表一枝，花开不仅两朵，漫山遍野，山花烂漫；话分两头，单说一方，话分岂止两头，孩子没娘，说来话长。

同一时间里，想起的人，在做什么，没想起的人，也在做着什么；结缘的人，几年离索，无缘的人，却蓦然回首。"一年春事，桃花红了谁。一眼回眸，尘缘遇了谁。一点灵犀，真情赠了谁。一把花锄，洒泪埋了谁。一扇南窗，抚琴思了谁。一叶兰舟，烟波别了谁。一句珍重，天涯送了谁。一番萧索，鱼书寄了谁。一帘幽梦，凭栏念了谁。一夕霜风，雪雨遣了谁。一街暗香，阑珊寻了谁。一怀愁绪，红尘逝了谁。一江明月，回首丢了谁。一杯浊酒，相逢醉了谁。一场消黯，凝眸忆了谁。一夜良辰，虚设伤了谁。一声横笛，空楼锁了谁。一场别离，红颜瘦了谁。一阶青苔，幽阁走了谁。一段新愁，离怀苦了谁。一声低唱，才情痴了谁。

一曲新词，暧昧撩了谁。一种相思，闲愁予了谁。一世浮生，轻狂负了谁。"一曲新词，一杯美酒，醉眼模糊，天地空灵。

似此星辰非昨夜，为谁风露立中宵，还有一些什么人什么事放不下。有时打了莫名的喷嚏，谁在月光千里处念叨你了；有时心情莫名的阴沉，谁在秋色一天时埋怨你了。你已远离江湖，江湖还在传说你，你在与不在，江湖的故事天天发生。

莫言的想象显然属于现代人："我经常在睡不着觉时，闭上眼想象：此刻的空中有数以千万条计的短信、微博，在不断地覆盖。"好梦早醒，美景难再期，覆盖的还有白日里交错的目光，只因在人群中多看了你一眼，再也没能忘掉你的容颜。缘起，在人群中，我看见你；缘灭，我看见你，在人群中。似曾相识，淡然一笑，擦肩而过，不过路人，相忘于江湖，茫茫人海中的过客。前声已放，驷不追舌，声音也交错在一起，欲将心事付瑶琴，知音少，弦断有谁听。万人如海一身藏，藏得住身影，藏不住心想，心想在天际，密如蛛网游丝。青春易老，一夜之间，面目皆非，不见面有不见面的好，永远是记忆中的样子；浮家泛宅，损之又损，忘无可忘，若能一切随之去，便是世间自在人。人事有代谢，往来成古今，晏殊百感交集："满目山河空念远，落花风雨更伤春，劝君怜取眼前人。"

人生无彩排，出出皆后悔，开始之后便无法停止，当你抓住一件东西时，等于放弃了其他选择；人生多幕剧，剧剧都入戏，场子赶得再急，你也不会两次踏过同一条河，同时出现在两个台面。十步之泽，必有香草，十室之邑，必有忠士，香草忠士同在于外；无边佛法，静里常观，广济慈云，空中密见，佛法慈云常留于心。

诗意栖居

德国诗人荷尔德林曾言："人充满劳绩，但还诗意地栖居在这片大地上。"晚年海德格尔对"诗意栖居"忽有悟："只有当诗发生和出场，栖居才会发生。"王小波则附和道："一个人只拥有此生此世是不够的，他还应该拥有诗意的世界。"诗意地栖居，为的是让无绪的杂念还巢，让精神有暂且的宁帖，而能将诗意表达于有形者，谓之诗人。

陶渊明栖居于悠然的南山之下，尽管须整日为无米断炊发愁，虽说一无所有，但自由尚存，雨过林霏，趣在山翠；苏轼栖居于偏僻的东坡之侧，虽说大狱的阴影尚未抹去，带着伤痛趔趄而来，依然无怨无恨，依然"无一不是好人"，近水遥山，皆有情愫。诗意似乎与贫困富贵、窘迫安逸无关。贫困年代，诗的活动在诗人身上，仍是诗的追问，窘迫之极，赴刑之时，口占一绝，广为流传。真正的诗人，可将凡胎蜕变为蛱蝶，将凡景诗化为诗质。民国诗人陈衍云："吾尝谓诗者，荒寒之道，无当于利禄，肯与周旋，必其人贤者也。"徐志摩讲授《英国近代文学》时，借王尔德之口阐发心声："我是要在生命中实现诗的。"郑愁予《野店》云："是谁传下这诗人行业，黄昏里挂起一盏灯。"此真诗人也。晚明文人施清罗列溪下揉琴、矶头把钓、听松涛鸟韵、水边林下得佳句等廿一雅事，陈继儒列焚香、试茶、洗砚、鼓琴、校书、候月、听雨、浇花等廿四乐事，旨在刻意营造"诗意栖居"，但较之陶、苏云水风度、松柏气节，竹露茶烟、兰气随风的格调，显然低了。

月印常圆，月中诗心不常有；云影偶歇，云下诗悟岂偶得。但正如所有人都需要得到认可与尊严，所有人都需要诗意地栖居，因其本质都是隐形诗人。丰子恺云："别的事都可有专家，而诗不可有专家。因为作诗就是做人。人做得好的，诗也作得好。倘说作诗有专家，非专家不能作诗，就好比说做人有专家，非专家不能做人，岂不可笑？"

在世如莲，净心素雅，这样的人，诗意便多；烟火缭绕，蝇营狗苟，这样的人，诗意自然不多。踏雪可诗，寒夜也可诗；寻梅可诗，桐荫也可诗；曲池可诗，行舟也可诗；月下可诗，晨作也可诗。委身山林，不闻鸟鸣，颠沛流离，乐在其中。故真正的诗，无关风月，只在平淡流年里随意地扑捉。林徽因说："真正的平静，不是避开车马喧嚣，而是在心中修篱种菊。"不污不垢，淡看浮华，红尘一醉，孤影何去？明心见性，澄怀虚静，一念尚多，况多念乎？

乾隆一人诗作，抵得过全唐诗总量，然终日思谋保江山社稷，处心积虑设文字牢狱，哪里能够作得好诗；迦叶莞尔无言，拈花一笑，心体本寂，万有皆空，无诗也诗人。念寡，动机便少，诗便多；念杂，情景在前，不觉诗意。诗意栖居，还在念寡念杂。

隐　藏

自然界有"红杏出墙，黄菊缀篱，紫藤掩桥，素兰藏室，翠竹碍户"之美，也有"空山不见人，但闻人语响""曲径通幽处，禅房花木深"之妙。但后者更是主流，甚至影响到了作文作画做人。

袁枚说"文似看山不喜平""文须错综见意，曲折生姿"。沈复《浮生六记》云："大中见小，小中见大，虚中有实，实中有虚，或藏或露，或浅或深，不仅在周回曲折四字也。"叶焕《煮药漫抄》云："天上有文曲星而无文直星，可见诗文贵曲，不贵直，为人之道则不然。故君子之笔，意曲而词直。小人之笔，意曲而词亦曲。"

据邓椿《画继》载："徽宗皇帝，为进士科下题取士。所试之题，如'野水无人渡，孤舟尽日横'，自第二人以下，多系空舟岸侧，或拳鹭于舷间，或要栖鸦于篷背。独魁则不然，画一舟人，卧于舟尾，横一孤笛。其意以谓非无舟人，止无行人耳。且以见舟子之甚闲也。又如'深山藏古寺',魁则画荒山满幅,上出幡竿,以见藏意。余人乃露塔尖,或鸱吻,往往有见殿堂者,则无复藏意矣。"

鹰立如睡,虎行似病,深水静流,抱残守缺,乃养晦之术;藏巧于拙,用晦而明,聪明不露,才华不逞,乃韬略之为。《老子》云:"我有三宝,持而保之。一曰慈,二曰俭,三曰不敢为天下先。"《史记·老子韩非列传》中记述老子告诫孔子语:"良贾深藏若虚,君子盛德,容貌若愚。"许名奎《忍经》云:"露才扬己,器卑识乏。盆括有才,终以见杀。学有余者,虽盈若亏;内不足者,急于人知。不扣不鸣者,黄钟大吕;嚣嚣聒耳者,陶盆瓦釜。韫藏待价者,千金不售;叫炫市巷者,一钱可贾。大辩若讷,大巧若拙。辽豕贻羞,黔驴易蹶。噫,可不忍欤!"民间则说:"丑事人人有,不露是高手。"

天道多变,时晴忽阴;物有聚散,时增又损。隐藏的背后,有着深层原因。显露者,多遭嫉妒,甚至惹来血光之灾。在《贺欧阳少师致仕启》中,苏轼赞美欧阳修"大勇若怯,大智如愚",而自己恰锥处囊中,蕴锋而漏,落了个一朝风雨,满地残红,世间无常,几许悲凉。金圣叹有大才,无大智,大智即内智,外似糊涂状,算大不算小,内则达观大度,不拘小节。至死方悟:"断头,至痛也。籍家,至惨也。而圣叹以不意得之,大奇!"风凄凄,雨淋淋,古来多少刀,架士子脖梗;花乱落,叶飘零,古来多少痛,非人世所堪。明哲保身、沉默失声处事方式之形成，实属境界危恶、层见错出后的痛定思痛、无可奈何。

愿望久病成瘾

景物如昨,风光已隔。少年子弟江湖老,红粉佳人两鬓斑,老物件的拖延症,多少让人显得年轻了些。

袁枚《随园诗话补遗》云:"同一乐器,瑟曰鼓,琴曰操;同一著述,文曰作,诗曰吟。"而同一历史,秦始皇写一部,孟姜女写一部;同一时间,局促者越发局促,闲适者越发闲适。冥索孤行,埋首治学,信正史,还是途说?杜门息影,不闻市喧,处局促,还是闲适?同一历史段,听过从没见过的事,去过早已忘记的地;同一时间内,爱过不会爱你的人,见过不曾想见的人。年代越久,越觉沉重;年纪越大,越感孤独。

青山莫道闲无主,心外无物;自是闲人不肯归,满纸云霞。那股叫难老的泉水,可是早早出发的缘由?那根叫系舟的石桩,可是迟迟不归的原因?给我一杯忘情水,忘情难老;十年修得同船渡,至岸舍筏。

长相思兮长相忆，还是思君令人老。岂有只盈不亏的圆满，何来永不离散的陪伴。当天的心情，难免受天气影响；个人的幸福，大抵由他人给予。卡尔维诺说："随着时光流逝，我慢慢地明白了，只有存在的东西才会消失，不管是城市、爱情，还是父母。"没有挤不出的空，只有不便赴的约，若不想，可列出十条自圆其说的借口，若想，会找到一个众里寻他的入口。人与时间的关系，既涉及自己与自己，也事干本人与他人。绿杨芳草莺语，谁人觅芳而来；满地黄花堆积，谁人随香而去。喜欢花的人，大抵善良，既生绽放时的欣然，更有凋零时的怅然。

一树一树妙女的花开，无情凋零，有情惜别；一场一场绅士的相送，小雨彻夜，落叶盈阶。醉天醉地，醉酒醉人，莫如醉心醉情。醉别这一片氤氲的烟雨，且行且珍惜，人生没有时间的所有权，唯有生命的使用权。余华《活着》说："活着，在我们中国的语言里充满了力量，它的力量不是来自叫喊，也不是来自进攻，而是忍受，去忍受生命赋予我们的责任，去忍受现实给予我们的幸福和苦难、无聊和平庸。"凝视无限，黑色的眼球，吸纳光亮；放言有忌，空洞的耳蜗，接收声音。

有些人注定无缘，何在意一错再错；许多事本无结局，何在意将错就错。冥思千回，便会蹑足而至，驻足于记忆深处。忍受磨习成惯，秩序性重组，愿望久病成瘾，象征性转换，如同曾经发生过的事件。习惯影响一生，好习惯、坏习惯全都如此；癔病无以康复，喜念想、愁念想俱已摩崖。

欲望不出人性

诗人以诗为利器,读者为之痉挛,非诗人之错,乃读者之过也。好的小说,使命在于让不安者获慰,让安逸者不安。愤世嫉俗者好大的看不起,稗官野史,小说家者流,皆乜斜之不屑。

花容月貌,黄土湮埋;缠绵故事,随风飘逝。无情不过时光,刻骨铭心者置之脑后,浅草平阳,小渠高柳;弥合不过岁月,念念不忘者渐渐遗失,彼此经过,各自向前。岁月即时与光的墙绘,青春消退的萧红,说了句"我不是少女,我没有红唇",她清楚,爱过的地方,不可能再爱。顾城也说:"我不愿与人重逢,那会让我想起毁坏的生命。"青春既过,遂成一条行走的裤子,到处晃荡,还是无法逃避自己。你的圈子,便是你行走的范围。

1946年2月4日,朱自清自沈从文处归来,死水微澜,偶有心动,日记道:"在从文处午饭,他太太总是那么年轻。"温柔的风景里,当以温馨的句子记述,可惜短了些。坐久不知香在室,时之不同,判断各异;推窗时有蝶飞来,提笔忘字,张口结舌。仿佛回到青春期,正应了"君生我未生,我生君已老。恨不生逢时,日日与君好""若说没奇缘,今生偏又遇着他。若说有奇缘,如何心事终虚化"之情形。所谓欲望,不出人性。

烦恼减少不了明天的负担,却失去了今日的快乐。不讲大道理,每天小日子,舒婷在年过半百时说:"要再让我写,我不会说要成为木棉,我要做锯子,把男人做成家具。"耄年短景,无限流连,回到身边的日子最好。怀旧是对既往文化的向往,也无奈情怀,莫名伤痛。

失去了魅力,女人才觉得男人花心;没有了事业,男人才觉得女人现实。醒时交欢,醉后分散,不是你的花发不见了,是我的眼花了。现代都市有十病:有工作,没生活;有爱人,没爱情;有微博,没粉丝;有住所,没住房;有存折,没存款;有名片,没名气;有加班,没加薪;有职业,没事业;有娱乐,没快乐;有朋友,没挚友。做一件自己喜欢的事,人生才算开始,才算有个人样。然而,那么多事要做,却一事无成,那么多路要走,却歧路亡羊。

独行无言,水声相伴,越是喧嚣,唯愿独处。宁静片刻,去除杂心,不与谈吐,专于体会。追求爱情,意在摆脱孤独感,到头来越发孤独。马尔克斯说:"所谓孤独,就是缺乏爱的能力。"亭前垂柳珍重待春风,九九消寒寒不走,一切都是注定的安排。预料的成熟,意外的结局,缺陷不是大自然的走样。因此缺,山川纵横,蜿蜒起伏,矿苗遍地,物产有别。人力无补天地缺,彩笔描空,笔不落色,利刀割水,刀不损锷。笔与刀,剔除了欲望,便也剔除了人性之外的伶俐乖觉、通权达变,简单成白茫茫一片大地真干净。逐世转移者,功名富贵;随身销毁者,事业文章;包括为之痉挛的利器之诗。

愿望何尝如愿以偿

目光所及,人生境界,此范围之内,选定某项,足可认定其为一生事业。

想象贫乏似死水,小圈子里互相模仿,恭维声中相互慕效,死水困于绕不出的死角,胸中荆棘,防人入,也碍己出。想象卧游成幻觉,设定许多并不存在的问题,如波德莱尔所指:"灵魂越有野心,越是敏感,梦就越把它与可能性远隔,每个人身上都有天然的鸦片成分。"最好的地方,是没去过的领域,寻寻觅觅者,原本早已拥有,眼光落地时,眼前分明可见。天下之事,利害各半,无论贫乏与丰富,一般境况比较另一般境况,皆相对而言,天地之间你我毕竟无所脱逃。

真正的愿望沉默于隐蔽处,说出来便矫情。寂寞之路,独自撑过,熬过几冬,对谁诉说,哪能些许宽慰,世间道理明白否?用晦而明,待成架构,众人方知,随后必遭伶俐俗子品评，妄生出许多传闻来。或以为是生而知之的天才，逆境险境，跋涉之艰难，临悲临怒，意志之坚决，都是不为所知的被省略过程，"杯子碰到一起，都是梦破碎的声音"。你与你的愿望，总有一天能够在心情里邂逅，这一世所有的相遇，皆上一世的重逢。多数愿望并无宏旨，说出来为人不屑，弗洛姆便说："现代人在幻觉下生活，他自以为他了解他所想要的东西，而实际上他所想要的是他人所希望他要的东西。"而日本导演小津安二郎的《我是开豆腐店的，我只做豆腐》，且不论内容，书名即含寓意。生计之外，兴趣使然，开个小店，贩卖幸福，如此愿望，冷云在天，光亮在心，何须他人点论。每个缺点背后都藏有优点，每个平淡背后都藏有不凡，而"生活越是平淡，内心越是绚烂"，此为东张西望、左顾右盼者所不解。

有愿望，有坚持，未必就有结果，工力未透，学力待深，退而求其次未尝不可。梁实秋议翻译，要翻译《莎士比亚全集》必须具备三个条件："第一，他必须没有学问。如有学问，他就去做研究、考证的工作了。第二，他必须不是天才。如是天才，他就去做写小说、诗和戏剧等创意工作了。第三，他必须能活得相当久，否则就无法译完。很侥幸，这三个条件我都具备。"谦逊之外，满是道理。虽不是天才，或也可走得更远，不逼自己一把，根本不知自己多优秀。所有问题，看似棘手，只要有足够时间琢磨，总能找到缝隙与杠点，塞进撬棍，将其撬起，眼前气象自是另外一番，心中境界随之别样豁然。

若说来到这世上，就是为使梦想成真，达成愿望，可这世上哪有完美人生，功成行满，当为枯槁末路。不坚持就老了，再坚持也老了，来不及说再见，就已再不见。秋天是个怀念的季节，怀念的不是依旧的愿望，而是逝去的坚持。你没能如期归来，这正是离别的意义；愿望何尝如愿以偿，此即坚持的意义。

放弃比拥有更踏实

十鸟在林,不如一鸟在手。其实不然,一鸟在手,一鸟不自由,何如十鸟在林,十鸟皆自由。放空自己,便空出了一份挂念。山间明月从容出,天外行云自在流,便是一份无挂念。性自有常,情最难久,这是一个流行离开的世道,只是你不擅告别罢了。

有无相生,福祸相依,有时放弃比拥有更踏实。唐伯虎自宁王府佯装疯癫、脱身归里后,以卖画为生,"不炼金丹不坐禅,不为商贾不耕田。闲来写就青山卖,不使人间造孽钱"。郑板桥"人皆以做官为乐,我今反以做官为苦",辞官为平民,也卖画为生,"画竹多于买竹钱,纸高六尺价三千。任渠话旧论交接,只当秋风过耳边"。能人取世,晓人逢世,能人逢难成晓人;才人经世,高人出世,才人遇事而化高人。

起初,都怕失去或失败,故越成熟,越谨慎,不忘已有收获，记得曾经得失，然越在意，失去的便越多。沉默如影，静立身后；恐惧无踪，深藏内心。其实每个人内心都藏有恐惧，欲望越大，恐惧越深，于是害怕孤独，害怕失范，害怕他人议论，害怕遭人嫉妒。年轻人担心被拒，中年人担心露丑，老年人担心死亡，而担心优点无人赏识，担心缺点有人注意，几成所有人之共性。纵然花香，不耐秋霜，尼采"对待生命你不妨大胆冒险一点，因为好歹你要失去它"的箴言，与《新龙门客栈》中"与其忍让不动，不如我行我素，反正得失寸惜之，苦乐独我尝"的台词似。

只知多少次的相遇，想一并抓两只兔子；不晓多少次的错过，欲同时走两条道路。在别人设定的角色里，荒芜一生，以为这便是自己所要的人生；在人潮汹涌的世间，挤掉一世，从未明白哪里才是所想的抵达。

了心了事，无须再了；失无可失，无所再失。一次甘地乘车旅行，不慎将鞋子挤掉了一只，周围人皆惋惜，不料他又将第二只鞋也从窗口丢了出去。甘地解释说："这只鞋无论多昂贵，对我已经没用了，如果有谁捡到一双鞋，说不定他还能穿。"

靖康之乱，天下纷扰，赵明诚、李清照夫妇的毕生庋藏，风流云散，荡然无存。李清照在其《金石录后序》中喟叹："三十四年之间，忧患得失，何其多也！然有有必有无，有聚必有散，乃理之常。"看破了，便看开了，看开了，便踏实了。

刚柔之间

水为柔之极，水滴石穿；风为弱之极，积尘堆丘。聚水成洪，锐不可当，坍堤坝，毁庄园；怒风出岫，摧枯拉朽，断巨木，走砂石。太极看似文纤，实则刚毅坚韧；舌头虽说绵软，已而寿比齿长。一条青藤，佝偻橐驼，南风不竞，却能绞杀株干，窒息壮柯；一管毛笔，蓬松暄腾，平淡无奇，却能力透纸背，龙蛇飞走。春雨细润，孳乳万物，惠风和畅，驱扫乌霾，更有一粒芥种，拱石破土，一根棍棒，撬动千钧，只言片语，开启民智，思想火花，燎原千里者。

贵族者，人给家足，富埒王侯；权势者，阔步高视，飞扬跋扈，然则天下麻沸、丝纷棋布之时，最先颓败倾倒、落槽崩垮的，正是这间高堂广厦。待宁靖安堵，风平浪静，社稷初定，王朝新立，贮于草莽民间之文明，根于易欺大众之文化，虽说式微有日，凋敝不比从前，却能迅速复苏蔚起，兴灭继绝，进而枝繁叶茂，瓜瓞绵绵。三国之乱之于河东，南北朝之乱之于西凉，安史之乱之于巴蜀，无不如此。母爱者，宽厚仁慈，任劳任怨；女性者，温情似水，入微细致。然则感化忌刻、树立耿直者，母爱也；怀柔刁顽、调和不宜者，女流也。孟母三迁，择邻断杼，亚圣英明终成就。花木兰从军，穆桂英挂帅，国难当头，匡扶汉业，巾帼何曾让须眉。水之猛，鱼虾嬉戏，风之疾，蒲柳翩跹，个中道理值得沉思。

水为冰之常，冰为水之骨，油为火之实，火为油之华，刚柔嬗递，静动互移，均因冷暖变化。盛唐闳放，然庄禅风行，优游自在，方寸为清；南宋积弱，却豪放词兴，慷慨悲歌，壮怀激烈。一时之硬未必就坚，外族强临中原，销其锋、融其烈者总是虚柔之文化、敦敦之黎民。蛹为蝶之真，蝶为蛹之髓，粮为酒之本，酒为粮之精，云壤高下，黄钟瓦缶，均因升蜕所致。

一时之陋未必为劣，小镇地处山陬，缺资金，少建设，由此古貌遗韵得以幸存，转而成了当下旅游之热点、创收之泉源。

寸土必争、步步为营者图一时之利，循序渐进、无为而治者获一世之益；圆滑世故、夸示冒进者得一时之耀，质朴迂拙、磊落刻板者有一世之福。无咎无功、瑕瑜互现者虽说数见不鲜，头角峥嵘、超凡入圣者毕竟毁誉参半；浅显差可、大醇小疵者虽说俯拾皆是，高深莫测、卓尔不群者毕竟命途多舛。于人于事，于古于今，何尝不是如此。

守 恒

　　能量守恒,是因为时间守恒。"春风得意马蹄疾"者,与"人骑牛背稳如舟"者,道不同,不相为谋,却一样老态龙钟地回到踉跄的村庄。时间的齿痕,未见为谁而急缓,为谁而冗闲。岁月的过往,是一阵卷起的扫叶风,待尘埃落定,似乎什么也未曾发生。迷离醉眼,隔过依稀,事经已过不须提,连自己也不相信那就是来时的路,上山下山,巅峰谷底,且歌且行,恣意飞扬。消磨也罢,当紧也罢,只因有人开始计算时间。

　　幸福守恒,也因为时间守恒。远行之人,曾经沧海,到头来"请摘下一叶征帆,来覆盖我创伤累累的长眠";蜗居之人,智识卑微,亲戚朋友在身边,想爱的人住在对面。天欲祸人,微福骄之;天欲福人,微祸儆之。杨绛说:"上苍不会让所有幸福集中到某个人身上,得到爱情未必拥有金钱,拥有金钱未必得到快乐,得到快乐未必拥有健康,拥有健康未必一切都会如愿以偿。"所言极是。

　　幸福守恒,终还在心的守恒。无数白鸥闲似我,一江春水碧于天,渔舟两三艘,翁渔互招手;赖有高楼能聚远,一时收拾与闲人,淡然无他念,虚静是吾师。卡夫卡说:"心脏是一座有两间卧室的房子,一间住着痛苦,另一间住着欢乐,人不能笑得太响,否则笑声会吵醒隔壁房间的痛苦。"时间改变一切,其实是自己变了,一切也才会改变。丰子恺也说:"这个世界不是有钱人的世界,也不是无钱人的世界,它是有心人的世界。"

　　不完美,也是一种美,一种守恒,正如月晦而星明,星明则月晦,残缺是这个世界的本质。"一个人有两个我,一个在黑暗中醒着,一个在光明中睡着。"时间乃终极杀手,生老病死,来来回回。一辈子既长又短,不知哪一天是最后一日,哪一个是陪你走到最后的人。离开的人越来越多,能下笔纪念者仅有几个。

　　有唱了一遍又一遍的歌,没有哭了一次又一次的人。罗素说:"所有伟大的著作都有乏味的部分,任何伟大的生活都有无聊的时候。"激情源于欲望,无外乎也是一种浮躁。耗尽青春换取的所谓成就,可能只是一屋子的库存,你我都不需要。倒是小民生计,虽艰难,不乏情趣,为吃饱肚子的追求,与为瘦身苗条的向往,渴望程度不相上下。与文士的远山凉月、孑然惆怅不同,小民多顾视左右,乐观入世。有客家山歌云:"想爱风流赶少年,人无两世在阳间。六十花甲无几久,风流一年正一年。"性情所在,不加雕饰,少了几重礼教的遮掩。

　　万物皆为我所用,但非我所属。万物守恒,独我短暂,白驹过隙,忽然而已。寄蜉蝣于天地,渺沧海之一粟,融入自然,始觉天地之守恒,时间之亘古。人在其间,聚散如氤氲之开阖,幻化无常,空灵得很。

等待等的不是结果

风韵飘扬,何曾有质,苏轼《后赤壁赋》一句"曾日月之几何,而江山不可复识矣",也千古之叹。

江山既如此,况人乎?昔时古战场,现在寂然无息,松涛偶起,无语之语;曾经火焦林,如今茂然生机,扑枝侧畔,肥根之沃。悲欢离合,短暂情愫;苦辣酸甜,瞬间感受。约翰·肖尔斯的《许愿树》说:"没有不可治愈的伤痛,没有不能结束的沉沦,所有失去的,会以另一种方式归来。"故去的人,存入记忆,曾经的情,化作责任,一切归于平静,也趋于淡漠。世间所有,皆时间之产物,时间又是塞上鸿、华亭鹤,翔翔其羽,碧天而逝。张爱玲说:"在这个光怪陆离的人间,没有谁可以将日子过得行云流水。但我始终相信,走过平湖烟雨、岁月山河,那些历尽劫数、尝遍百味的人,会更加生动而干净。时间永远是旁观者,所有的过程和结果,都需要我们自己承担。"

生活没有什么不同，也不会相同，消失的仿佛还会出现，等待于是开始了漫长。若有一天，等待终有结果，是否还是当初的期许；若有一天，梦里到达的地方，脚步也能到达，红颜已迟暮，英雄也末路。所以说，等待等的不是结果，而是等待本身。悠悠我思远，花草太匆匆，张爱玲又说："有些人一直没机会见，等有机会见了，却又犹豫了，相见不如不见。"难怪胡兰成赞之："她完全是理性的，理性到得如同数学。"

没有不散之散，灞桥作别时的挥手，早已放下；没有完美之美，无形忘机间的专注，极易转意。有些感情，你以为已经过去，其实仍深埋心底。"忘记一个人，并非不再想起，而是偶尔想起，心中却不再有波澜。真正的忘记，是不需要努力的。每个人的电话本里，都会有那么一个你永远不会打，也永远不会删的号码；每个人的心里，都会有那么一个你永远不会提，也永远不会忘的人。"此为谁人所言，真是贴切。也即舒婷所言："仿佛永远分离，却又终身相依。"

风清两耳，了无挂碍，月净初心，一空万有。偶然而不必尽然，可信而无须深信，"子呼我牛也而谓之牛，呼我马也而谓之马"，青牛陌路西去，白马异姓东来，由他好了。

不好不坏的大多数

所谓基础,即大多数,每个行当皆如此,顶尖者不过寥寥。以文章为例,不立文字的黄侃随口道:"古今的文章,有两种最容易记得,即最好与最坏的;不好不坏的文章,读十遍也记不得。"

山有山的高度,水有水的深度,不便比较,却知优劣。不好不坏的文章与上好文章,笔法上难分高低,差异在思想。加缪演讲时曾言:"今天的作家不应为制造历史的人服务,而要为承受历史的人服务。否则,他将形影相吊,远离真正的艺术。任何暴君的千百万军队都无法将一个作家从孤独中拯救出来,尤其当这个作家同他们的步调一致的时候。"报人忠于贫穷读者,律师忠于富裕顾客,作家与报人同。

风有风的奔放,云有云的优柔,何必模仿,自有格调。不好不坏的笔墨与上好笔墨,技艺上难辨伯仲,区别在理念。恽南田《南田画跋》云:"今人用心,在有笔墨处;古人用心,在无笔墨处。倘能于笔墨不到处,观古人用心,庶几拟议神明,进乎技矣。"有笔墨处,巧设妙构,宛然天成;无笔墨处,萧然物外,自得天机。好文字载思想,好书画何不然,陈师曾论文人画特性:"是性灵者也,思想者也,活动者也。"随意点染,一种荒寒景象,可思可思。秋令人悲,又能令人思。

　　罢黜百家,独尊儒术,乃汉武帝影响后代之大事。后贤有作,必合大道,有益人心,乃许流传,此大道即儒术。思想禁锢时代,万马齐喑,动辄得咎,入山浮海均非计,悔恨平生识一丁。陈康祺《郎潜纪闻初笔》载"雍正时逻察之严"条:"雍正某年元日,王殿撰云锦早朝后归邸舍,约友人作叶子戏,已数局矣,忽失一叶,遍觅不获,遂罢而饮。一日,蒙召对,上问以元日何事,具以实告。上嘉其不欺,出袖中一叶还之。当时逻察之严如此。"此番情形下,故纸堆中,翻检旧学,纵使深院日初长,万卷诗书一炷香,也难现风貌,遑论率真。袁枚有诗道:"读书不知味,不如束高阁。蠹鱼尔何如,终日食糟粕。"思想即凿破冰封之利斧。

　　字以人贵,水遇风而纹,傅山诗云:"作字先做人,人奇字自古。纲常叛周孔,笔墨不可补。"文章亦然,胡兰成《汉皋解佩·戒定真香》云:"真的好文章,必是他的人比他的文章更好,而若他的人不及他的文章,那文章虽看似很好,其实并不曾直见性命,何尝是真的格物致知。不但文章,道德学问亦如此。"三五明月满,四五蟾兔缺,恶者虽众,人性本善,人无完人,大节不亏即是。此占大多数。

董桥六十感慨:"我扎扎实实用功了几十年,我正正直直生活了几十年,我计计较较衡量了每一个字,我没有辜负签上我的名字的每一篇文字。"仅此不足,尚有无相之法门,"做了一辈子的文学工作,深深觉得做得好是性情带出来的,做不好也是性情拖垮的,没有一份天生的文字因缘,硬教硬学都枉然"。得造化而不知其然,天分较之勤奋更重要。而手肘成胝、废纸三千者,不乏俗字俗画,花态柳情,山秀水暖,皆存媚嫌。若是没有利好市场,不能周行各处以相售,大抵十居八九的书画家会遽然离开行当,与当年文学式微后的退潮,可有一比。此也占大多数。

不好不坏的大多数,去之无碍大局,留之略显多余。微步其间者,大抵我是一个。

后　记

我的作文，无非狂飙突进、轻淡无形两类，随心境而变，愤怒时惊涛骇浪，劲健刚拔；平静时桨声灯影，绿窗幽芳。朔望一变潮汐，今古随流浅深，别人写作盖也如此。

得而又失，较之从未得，似乎更伤人，比如财富，比如韶华。一年比一年过得快，因时间于你一年比一年重要，离开的人越多，留下者便越发重要。当一切随风而逝，偶然的邂逅，慌忙思绪，不及过脑，或未达意，或未出口，竟瞬间成永恒。你为之蹉跎者，曾寄居着你的向往，何必后悔。写不成平仄诗句，谱不成曲调乐章，是早春慵懒不济的一个困睡年纪，是远春不温不火的一段花间往事。

川端康成《花未眠》说："凌晨四点醒来，发现海棠未眠。如果一朵花很美，那么有时我会不由自主地想道：要活下去！"此中年后生出的忧虑。一觉自然醒，不必担心有什么已发生，有什么未完成，或想了没做，或做了没想，此即青春状态。

寻得桃源好避秦,无秦可避时,躲烦避俗,回到文字的桃花源里。何以解忧,唯有杜康,除了酒,文字也可,随贤者诲人不倦,随侠客放浪形骸,卧游天地间,疑是故人来。千秋事业书中始,万国风云座上观,妄想而臆断;东篱采菊见南山,人道渊明镇日闲,静待且心闲。

三岁不成驴,到老是个驴驹子。成驴拉磨,循环往复,道上很苦,从未丈量,每一堆麸子的背后,都曾熬过无数个不为人知的夜,夜锁寂,三更去。执于一念,困于一念,一念放下,真是自由,不成驴反倒逍遥自在,无事小神仙,我大概属后者。

隔着岁月对望,一场心事,岂止一段文字。春捂秋冻,不生杂病生杂念。戏与山妻谈故事,滴水开宿墨;试吟断送老头皮,下笔却忘言。撕离票根,随风而飘,有多少纸上延伸的意念。朝辞白帝,暮住乌江,浮悬絮飞,漫无边际,是命中旷远的意绪。悄然泛青,又黯然凋零,孤冷不堪与世谐,故国凄凉,剩粉余红,落下一地的信物。

狂飙突进也罢,轻淡无形也罢,文字是文人留下的信物。

感谢北岳文艺出版社续小强社长的支持,感谢责编王朝军先生的辛勤工作,使之得以顺利面世。感谢侯苗苗女士在校对方面予以的支持。

格致文库书目

林　鹏	《梦里家山》	21.00元
韩　羽	《信马由缰》	29.00元
李国涛	《目倦集》	25.00元
邢小群	《经典悸动》	25.00元
李新宇	《故园往事·一集》	25.00元
黄永厚	《渐江和我们》	20.00元
刘广定	《读红一得》	20.00元
徐庆全	《他们无时代》	20.00元
李新宇	《故园往事·二集》	25.00元
卫洪平	《双椿集》	26.00元
崔　海	《多大点事》	32.00元
徐乐乐	《文字爱好者》	28.00元
北　鱼	《会心集》	32.00元
于　水	《杯酒文章》	38.00元
刘二刚	《午梦斋题画》	32.00元

怀　一	《画外》	38.00元
武　艺	《游于艺》	28.00元
韩　羽	《读信札记》(平装)	128.00元
韩　羽	《读信札记》(精装)	148.00元
朱英诞	《我的诗的故乡》(陈均编)	30.00元
高恒文	《苍茫的留恋》	22.00元
介子平	《民国文事》	25.00元
启　之	《有梦楼随笔》	20.00元
布　谷	《老莲小笺》	22.00元
丁　东	《人海观潮》	22.00元
韩三洲	《书丛探幽集》	20.00元
曹乃谦	《何母日记》	45.00元
吴冠南	《花间闲话》	55.00元
李　津	《爱与哀愁》	49.00元
赵亭人	《因了心意》	39.00元
靳卫红	《事事关己》	35.00元
李国涛	《编稿手记》	30.00元
阎守诚	《探访逝去的时空》	22.00元
聂　尔	《道路》	28.00元
汪　政	《悲悯与怜爱》	29.00元
李南央	《异国他乡的故事》	22.00元
杨　栋	《梨花楼书事》	25.00元

王祥夫	《蝴蝶飞何园》(精装)	39.00元
王祥夫	《白石老人的虫子》(精装)	39.00元
王祥夫	《吃的品味》(精装)	39.00元
邢小群	《燕山札记》	25.00元
赵承楷	《晨起以记》	22.00元
李延祐	《〈红楼梦〉拾趣》	25.00元
张小苏	《漂·移》	29.00元
王孟奇	《高粱居旧话》	38.00元
介子平	《民国情事》	29.00元
何亦聪	《灯下谈吃》	30.00元
朱万章	《画余味象》	38.00元
介子平	《白丁启示录》	38.00元

欢迎荐稿欢迎赐稿　　邮箱 mjbywy@163.com